p. 19 ---
p. 35,36 ---
p. 53 ---
p. ... 68 ---

Se libérer par le souffle

Monique de Verdilhac

Se libérer par le souffle

Pour retrouver son harmonie intérieure

Albin Michel

Collection « Les chemins de la santé »
dirigée par Pierre Crépon

22, rue Huyghens, 75014 Paris

ISBN 2-226-06793-0

Sommaire

Note au lecteur

Il existe en chacun de nous une énergie potentielle si puissante qu'éveillée elle possède la capacité de modifier jusqu'aux plus lourds handicaps. Malades, prisonniers, isolés peuvent apprendre eux aussi à quitter leurs chaînes. Et quels que soient l'âge, l'état de santé physique et psychique, le passé n'est jamais si lourd qu'il condamne l'avenir.

Ainsi le véritable pouvoir peut-il passer entre vos mains. Cependant personne ne le fera à votre place. C'est votre puissance de transformation qui éclairera alors des trésors intérieurs jusque-là enfouis. Au cœur de votre être, réside votre propre guérisseur.

Si vous avez de la difficulté à pratiquer

• *Si vous êtes empêché momentanément de vous mouvoir: inventez vos moyens personnels pour expérimenter les exercices: une main, un doigt, un clignement d'yeux, la langue qui explore la bouche...*

• *S'il est trop difficile à la fois de faire l'exercice et de lire le texte : enregistrez-le avec votre propre voix ou mieux encore celle d'une personne avec qui vous entretenez des relations positives. Dans les moments de solitude, cette voix vous accompagnera de sa présence chaleureuse.*

• *Si vous êtes dans l'impossibilité complète de pratiquer: commencez par vous libérer des pensées parasites et vous détendre. Ensuite, lisez plusieurs fois le texte proposé – prenant soin de laisser pénétrer en vous images, sensations, émotions. Le cerveau, alors, les enregistrera et opérera de la même manière pour réaliser les nouveaux désirs.*

• *Enfin, ne prolongez jamais un mouvement, une respiration au-delà de votre bien-être. Il n'y a ici rien à prouver ou à réussir. Votre seule mesure juste est celle de l'instant présent.*

Quelques conseils

• *Prenez soin de vous. Installez-vous confortablement : mais pas trop. Il ne s'agit pas de s'assoupir.*
Protégez-vous de tout bruit intempestif.
Prenez le temps de « vivre » chaque étape de l'exercice : la transformation, le bien-être ne s'opèrent pas dans la tête. Ils sont réalisation vivante corps et esprit.
• *Quel que soit l'exercice proposé :*
Pour commencer : portez une attention sensible aux parties de votre corps qui touchent le sol : vous revenez ainsi à la présence à vous-même – seul lieu d'une alchimie de transformation.
Ensuite, donnez votre attention au souffle qui va, qui vient et que vous accompagnez. La volonté, l'effort sont exclus ici. Il s'agit d'une attention à la fois soutenue et libre de laisser la vie se manifester.
• *A la fin de l'exercice : respectez le temps nécessaire à la remobilisation progressive et sans à-coups du tonus musculaire et nerveux, pour revenir en pleine forme aux activités précédentes. Étirez-vous doucement.*

Ainsi pouvons-nous lever la fatalité d'un destin qui pesait sur nous, et abandonner au passé la chaîne des souvenirs qui entravait le présent.
Il nous appartient de nous ouvrir, nous-même, à des perspectives jusque-là inexplorées.
Ce que nous désirons réussir existe déjà potentiellement en nous.

CHAPITRE

1

Sur le fil de la respiration

SOMMES-NOUS conscients de vivre un véritable miracle au quotidien ? Pourtant, à cet instant même il se manifeste : nous respirons.

Un jour le souffle a ouvert les portes de la vie. Il continuera à l'exprimer et à la traverser jusqu'au dernier soupir du périple terrestre.

Et pourtant, qui de nous lui manifeste un réel intérêt ? Il est vrai que la respiration peut se passer de notre considération : son moteur à répétition fonctionne en automatique. L'air, en nous, circule dans le corps dont il anime chaque instant. C'est lui qui ponctue le temps au rythme universel, qui meut les jours et les nuits, la lune et les marées, les battements du cœur...

Dans les instants qui ont accompagné sa naissance, l'air a déplié les poumons du nouveau-né et initié le chemin de sa vie. Cet embrasement douloureux de la poitrine déclenche son premier cri : manifestation sonore de sa présence au monde, appel au secours et à la communication.

Si l'air nous manque sous l'effet d'un encombrement physique ou d'un choc, la panique nous prend.

Si l'oxygène se raréfie, la vie s'amenuise.

Les cellules du corps, asphyxiées, déclenchent en nous une angoisse d'étouffement, voire de mort.

LA PREUVE

• *Posez une main sur le ventre, l'autre sur la poitrine, et sentez le corps se mouvoir au rythme de l'inspiration et de l'expiration.*
Prenez le temps d'entrer en contact avec l'air qui circule en vous.
Et maintenant, décidez de stopper son arrivée. Au bout de quelques instants, et malgré vous, le corps fait instinctivement un appel d'air. Si vous arrivez à tenir le coup sans inspirer, pour quelques secondes supplémentaires, alors éclate un SOS de survie.
La poitrine s'ouvre brusquement et s'emplit comme un ballon.
C'est l'être tout entier qui réclamait ce viatique.
Vous venez d'appréhender la fonction vitale du souffle en direct.

Que nous en soyons conscients ou pas, la respiration manifeste notre état de santé, physique et psychique intimement mêlés. La fièvre, une chaleur excessive l'accélèrent tandis que le froid la ralentit.
Les marmottes, elles, hibernent dans leur terrier pendant les longs mois d'hiver. Leur cerveau, par tout un circuit protecteur, les garde en vie : leur respiration passe de cent à quatre ou cinq fois par minute.
Ainsi chaque organisme se régule-t-il lui-même.
La manière dont la respiration se manifeste à nous est un véritable baromètre. Si les maladies perturbent son fonctionnement, les émotions et le stress la coincent, la cassent bien davantage. Sa qualité témoigne de l'état d'une personne.
Attentif à en apercevoir les signaux, à en décrypter le sens, il est alors possible d'acquérir le pouvoir de la réguler.
Dès qu'on parvient à se détendre, la respiration houleuse ou bloquée se transforme en vagues paisibles.
Mais aussi l'air évanescent, échappé sur des soupirs épuisés ou dépressifs peut être dynamisé à condition qu'un désir d'énergie nouvelle soit consciemment insufflé.
Aussi longtemps que la respiration reste automatique et s'accomplit sans notre participation active, nous laissons faire l'organisme. Ainsi son intelligence instinctive maintient un état constant d'équilibre de ses fonctions vitales ; mais son rôle est également d'émettre des signaux d'alerte dès qu'il ne peut plus accomplir sa mission, c'est-à-dire maintenir cet état constant d'équilibre. La qualité respiratoire est le plus puissant d'entre les signaux : à nous d'en saisir le sens.
Or, l'être humain a la capacité de transformer ce réflexe conditionné en une alliance consciente avec son souffle. Il ne s'agit pas de paroles magiques ni d'un baume illusoire qui aurait pour effet d'adoucir la réalité, comme si nous n'avions aucun pouvoir de la transformer.
Si nous entrons en relation d'intimité avec notre respiration et la nourrissons de pensées positives et de paix, alors nous exerçons un véritable pouvoir de transformation, imprégnant l'organisme qu'elle parcourt de ces messages bénéfiques.

L'esprit et le corps constituant une entité unique, ce dernier est parcouru par ces manifestations sensibles. Le souffle, ainsi guidé, devient messager pour le corps où s'incarnent pensées et sentiments — non plus laissés au hasard mais réellement choisis.

Tournez-vous vers l'épanouissement

Pourquoi devrions-nous renoncer à devenir la personne que nous aimerions être, puisque nous pouvons modifier nos relations à nous-même et au monde extérieur?
Il s'agit d'apprendre à ordonner autrement nos valeurs pour ouvrir plus encore les champs du possible.
Chaque espèce vivante est un système naturellement orienté vers une croissance harmonieuse: si rien ne vient la perturber ou la détruire. L'être humain, lui aussi, constitue un réseau dynamique d'échanges.
Cependant, lui seul a la liberté de faire circuler les informations qu'il décide de privilégier.
Guidé par son propre esprit, essence de la vie, il a le pouvoir de se restaurer: mais aussi d'investir son avenir, selon les options qu'il prend.
Chacun de nous peut de la même manière accroître les potentialités de son intelligence: nous en utilisons au maximum le dixième! Il nous reste à éveiller ses capacités recluses. Si nous guidons vers elles, portées par le souffle, la vision d'une croissance et d'un épanouissement possibles, alors nous devenons l'artisan de notre propre richesse recouvrée.
Notre regard sur la vie est souvent resté accroché aux cadres de référence de l'enfance, aux expériences du passé. Elles nous ont en grande partie modelés.
Cependant aujourd'hui, et quel que soit le périple déjà accompli, bénéfique ou non, nous aurions tort d'imaginer avoir fait le tour de notre domaine. Le seul mètre-étalon qui puisse mesurer l'expansion, c'est l'ouverture d'angle de notre vision personnelle.

Le panorama qui s'offre à vous

- *Pour réaliser cette expérience, placez-vous au centre d'un espace assez vaste.*
- *Allongez les bras comme des parallèles, droit devant vous, et jusqu'au bout des doigts. Dans cette portion de visibilité limitée aux murs formés par vos bras, regardez et décrivez minutieusement ce qui vous apparaît clairement.*

Puis sans bouger la tête ni le corps, laissez vos yeux glisser à gauche, à droite...

En dehors du champ que vous avez vous-même cadré, personnes et objets deviennent de plus en plus flous.

Sur les côtés, ils finissent par sortir de votre réalité.

- *Et maintenant écartez lentement vos bras du corps jusqu'à ce qu'ils forment une diagonale. Dans cet espace plus large émergent à vos propres yeux des éléments d'une réalité nouvelle, jusque-là inaperçus. Quelques instants plus tôt, pour vous, ils n'existaient pas.*
- *Enfin découvrez le panorama qui s'offre à vous lorsque vos bras, mis à l'horizontale, forment un angle de 180 degrés.*

Embrassez le nouveau spectacle qui s'offre à vous ; puis resserrez à nouveau les bras, droit devant vous : 20 degrés ou 180 degrés ne fournissent pas les mêmes informations. Des données différentes permettent d'autres approches... de la réalité : de VOTRE réalité.

- *Le regard intérieur a le même pouvoir de rétrécir ou d'épanouir le champ de conscience. La réalité n'est pas une abstraction ni une théorie. Elle est l'expérience même que l'on en fait.*
- *Cependant il manque la moitié de l'horizon caché derrière votre dos. Pour l'investir, il vous faut mettre en route le désir de le découvrir, et le mouvement pour le réaliser.*
- *A petits pas faites un demi-tour, et contemplez ce monde qui vous restait étranger. Puis, un pied stable au sol, l'autre décrivant un cercle, tournez sur vous-même.*

A chaque instant de ce périple, focalisez votre attention sur un nouvel aspect du territoire : celui que vos yeux embrassent et cernent jusqu'à l'horizon.

La vie s'ouvre à vous à mesure des frontières que vous-même repoussez : mais il faut en habiter le centre.

Ainsi pouvez-vous à volonté rapprocher ou éloigner votre viseur ; rétrécir ou élargir la place que vous décidez de vous octroyer, face aux objets, aux situations et aux personnes considérés.

Fournissez des informations positives à votre cerveau

Les événements, les personnes ne changeront peut-être pas ; mais la responsabilité nous appartient de les considérer et des les traiter, intérieurement, sous l'angle que nous choisissons d'adopter.
Le cerveau, ce grand ordinateur de nos pensées et de nos cœurs, va travailler à réaliser les informations nouvelles que nous lui fournirons. L'énergie circulant sur une respiration consciente actualisera ce qui n'était encore que virtuel. C'est notre manière de concevoir et d'engager notre vie qui l'oriente. Les mécanismes du cerveau, eux, sont conçus pour se diriger automatiquement vers ces buts poursuivis — qu'ils soient conscients ou inconscients.
Ainsi, des attitudes et des sentiments tendus vers la croissance et l'harmonie, grâce au cerveau, produiront des effets correspondants.
Cependant, il ne peut épouser nos convictions qu'à la condition d'avoir les preuves de notre engagement véritable. En effet, les théories, les rêves illusoires et l'opinion des autres n'entrent pas dans ses programmes informatiques : ils n'ont donc aucun effet de réalisation.
Ce dont le cerveau a besoin, c'est que nous nous investissions dans les désirs de transformations auxquelles nous aspirons, comme si déjà nous en goûtions les effets.
Alors, il emboîte le pas. Il mémorise et ancre ces capacités nouvelles que nous sommes en train de manifester, leur donne réalité. Seul le corps témoigne de ce que nous éprouvons. Il est l'unique port où les messages abondent : qu'il s'agisse de sensations ou de sentiments. Le courage d'un héros, l'émotion mystique ou la jouissance du salopard n'existent que s'ils sont ressentis.

A chacun de commencer par rejeter ce qui lui est néfaste. Puis d'accueillir et développer la réalité qu'il désire s'approprier.

Faites vos choix

• *De vos mains qui se touchent, faites une sorte de boîte ronde, ouverte vers le haut. Décidez alors de vous débarrasser des pensées et sentiments négatifs qui vous encombrent.*
Tout en expirant au creux de vos mains, imaginez que vous rejetez ces ennemis avec l'air.
Au fur et à mesure que vous remplissez la boîte, rétrécissez l'ouverture en rapprochant les doigts... refermez entièrement pour ne rien laisser échapper de ce que vous venez d'évacuer.
Commencez alors à l'écarter de vous, le plus loin possible au bout de vos bras étendus.
Prenez une profonde inspiration. Puis au moment où vous rejetez l'air, ouvrez brusquement les mains et chassez symboliquement tout le contenu de la boîte ! Ensuite, les mains le long du corps, serrez-les fortement : pouces à l'intérieur.
Enfin et à plusieurs reprises, secouez-les vigoureusement sur l'expiration, comme pour vous dégager définitivement.

• *Pour vous reposer, laissez l'automatisme respiratoire reprendre le relais, quelques instants.*
Et maintenant, emplissez l'espace qui en vous s'est libéré en inspirant doucement un air que vous imaginez frais et léger.
Vous l'accompagnez tandis qu'il voyage en vous.

Quant au cerveau, cela lui est bien égal que vous viviez une expérience dans votre réalité concrète ou imaginaire.
Ce qui compte pour lui, c'est la traduction dans l'organisme des pensées et des sentiments que vous avez choisi de vous donner.

DEVENEZ INTIME AVEC L'AIR QUE VOUS RESPIREZ

Si le monde accessible à nos sens semble l'unique évidence, que dire de l'air impalpable qui forme et meut les nuages dans le réel, ondule les fleurs d'un champ, communique la vie ?
La respiration branchée sur le programme automatique brasse un air «tout venant»; c'est lui qui transporte l'oxygène et les nombreux gaz dont l'organisme a besoin. Cependant, une personne qui conscientise sa respiration ne se contente plus d'inhaler l'air dans les narines par le jeu des poumons.
Il lui est alors possible d'affiner la qualité de cet air et d'en mesurer la quantité nécessaire: pour stimuler la vitalité, apaiser les tensions ou remonter un moment dépressif.
Le souffle conduit vers l'espace intérieur et nous le révèle, tandis que nous circulons avec lui en nous-même.
Il ouvre aussi sur le monde extérieur et peut transformer à tous niveaux la qualité des communications.

VOYAGEZ SUR VOTRE SOUFFLE

• *Le point d'ancrage sera toujours le corps. Il est fondateur de notre territoire – limité et protégé par la peau.*
A l'intérieur de ses frontières, vous êtes chez vous : lieu unique où réside et se manifeste la vie.
Vous pouvez, mais vous seul, y inscrire une page nouvelle de votre histoire.

• *Décidez de consacrer à vous-même quelques minutes, et installez-vous de façon confortable, dans un environnement qui va vous assurer une tranquillité nécessaire.*
Ensuite concentrez-vous sur les surfaces de votre corps qui reposent sur ses appuis (le fauteuil, le matelas...).
Laissez-vous le temps de sentir le poids du corps au contact du sol, du siège sur lequel il repose.
L'attention que vous vous donnez commence à vous rapprocher de vous-même. Écartez lentement bras et jambes pour vous

associer consciemment à votre corps dans son mouvement.

• *Puis expirez lentement pour expulser l'air empli des impuretés et toxines qu'il a drainées au passage... deux ou trois fois.*

Inspirez lentement, et suivez le chemin de cet air qui va, qui vient et se promène en vous.

Surtout ne le dirigez pas. Simplement accompagnez-le, mais sans essayer de le modifier.

Laissez-vous glisser sur l'air qui sort en de profonds soupirs de bien-être.

Accompagnez-le tranquillement jusqu'au bout de ses voyages.

Les brouillards, les obstacles et les souffrances commencent à s'apaiser dans le souffle.

Brassées par l'air, les pensées qui occupaient, envahissaient votre tête, se défont – reviennent peut-être et se défont encore, si vous ne quittez pas le souffle.

Peu à peu elles laissent un espace libre où vous détendre et vous reposer. Prenez le temps d'apprécier...

• *Ramenez ensuite votre attention aux narines.*

Sentez leur présence au milieu du visage, en écartant et remuant les ailes du nez.

Puis aspirez délicatement l'air frais qui pénètre par les orifices que vous avez mobilisés.

Il s'épanouit maintenant dans l'arrière-gorge.

Si vous avez du mal à respirer par le nez, prenez juste un peu d'air pour commencer à le goûter ; pour ouvrir un chemin.

Maintenant, il se promène avec vous entre ventre et poitrine – ne respirez pas trop vite ; ne soufflez pas comme un cachalot.

Laissez-vous conduire par votre propre rythme.

Quand vous le désirerez, préparez-vous à reprendre contact avec vos activités antérieures.

Bougez progressivement le corps dans tous les sens.

Étirez-vous en douceur.

Exercez-vous souvent à pénétrer avec l'air dans votre propre intimité, pour apprendre à la reconnaître et à l'apprécier.

Partez vers le soleil

C'est sur les rayons du soleil que nous arrive l'air le plus pur et chargé des nourritures les plus subtiles. Lui brille toujours au-dessus des brouillards et des opacités. Sa lumière émet une énergie particulière dans laquelle nous pouvons puiser à volonté pour nous en nourrir — mais aussi pour réveiller l'intelligence et la sensibilité.
Certaines de nos molécules sont en effet dotées d'antennes dont la fonction est justement de nous brancher sur le rayonnement de cette lumière.
Nous pouvons en cueillir les fruits – mais à la condition d'associer en même temps au souffle qui nous y conduit les meilleures qualités de notre esprit.
Vous ne voyez jamais le soleil, enfermé dans la grisaille de vos jours ou dans un lieu saturé d'air toxique? Alors, partez:

À la rencontre du soleil

• Détendez-vous quelques instants. Puis tel un radar, laissez votre mémoire se diriger vers le passé, pour y retrouver un souvenir qui vous a agréablement marqué: les images, les sonorités liées à cette évocation, mais aussi l'ambiance dont vous retrouvez la saveur, réaniment ce ressenti – au présent.
Le cerveau, qui ne cloisonne pas le temps, vient de vous restituer la fraîcheur d'un moment pourtant révolu.
• Dans cet état d'ouverture, imaginez-vous en train de vous reposer dans un paysage printanier.
Laissez-vous le temps de vous y installer.
Les rayons du soleil vous enveloppent dans leur douce chaleur.
Vous respirez un air rempli de senteurs et de vie renaissante.
Revenez au souvenir heureux que vous évoquiez il y a quelques instants.
Respirez dans ce plaisir, ce bonheur retrouvés, au milieu de cette nature imaginée ou retrouvée, elle aussi, dans votre mémoire.
S'il est caché par vos «intempéries» ou mis à l'écart par des barrières impénétrables, le rayonnement personnel de votre pensée, de vos sentiments opérera la jonction avec ces souvenirs heureux.

Mais aussi, il suffit d'imaginer, puis de se sentir baigné dans la lumière dorée d'un de ses rayons, pour que le cerveau branche ses antennes sur la longueur d'ondes correspondante.
C'est la respiration consciente qui établit cette communication bénéfique.

Illusion ou réalité ?
Questionnez plutôt les astrophysiciens sur leurs découvertes concernant les atomes, les particules subatomiques émanées du soleil. Ceux-là manifestent un comportement particulier.
Au lieu d'être voués comme les autres à l'attraction terrestre et donc à la chute, à la destruction, ils semblent parcourir l'espace en spirales ascendantes.
Ainsi dégagés des lois de la pesanteur, dotés d'une grande qualité particulière d'intelligence et de sensibilité, ils circulent librement dans l'espace ; et traversant tous les temps depuis l'origine de l'univers, ils défient la mort.
Nous pouvons apprendre à recueillir et absorber cette qualité d'infimes particules et d'ondes émanées du soleil – à condition de brancher consciemment le souffle sur la pureté de nos désirs et de nos intentions.
Il se pourrait bien que les valeurs spirituelles de notre être soient elles-mêmes indestructibles.

REJOIGNEZ LE SOUFFLE DES ANCIENNES TRADITIONS

PUISEZ aussi l'inspiration aux sources de nos ancêtres. Dans l'inscription des pierres ou les rituels, ils évoquent ce souffle créateur.
Les traces conservées remontent à plus de cinquante mille ans.
Les chamans et les gardiens des traditions culturelles – qu'ils soient africains, lapons ou celtes... vénéraient le

«Grand Esprit». Il visitait ses enfants sur la brise légère ou la tempête: sur son souffle.
Wakan Tanka: le «Grand Père» des Amérindiens, créait les saisons et tenait dans ses bras toutes les régions du monde – les protégeant de son souffle.
Aujourd'hui encore, et dans quelques lieux secrets, les Indiens en appellent toujours à sa protection aimante.
Dans toutes les grandes traditions, le souffle est le principe même de la vie. Il pénètre la matière qu'il modèle. Il guide et protège les innombrables formes qu'il a lui-même créées. Symbole aussi du monde spirituel, le souffle a le pouvoir d'ouvrir les portes de l'intelligence et du cœur.
Ainsi chaque respiration a-t-elle toujours contenu les deux bénédictions: le rejet des impuretés physiques et morales dégagées par l'expir – tandis qu'une vie neuve et féconde pénètre dans l'air inspiré.
Mais aussi :
En sanscrit: l'Atman, Dieu créateur, en l'être humain se manifeste par son souffle!
Chez les Hébreux: le souffle primordial est Ruah – l'esprit de Dieu qui couve sur les eaux depuis les origines du monde qu'il a créé – tandis que le cygne bouddhiste Hamsa couve l'œuf cosmique du Veda... il est lui aussi souffle et esprit. Comme le Prana de la tradition indienne: allié au souffle de l'être humain qu'il crée sans cesse corps et esprit.
Sur les ailes du souffle de leur Dieu, israélites et musulmans ne pourraient-ils trouver une respiration commune? Ruah en hébreu et... Er Ruh pour l'islam.
Voyageons ensemble, maintenant, sur le dieu du Vent pour rejoindre les temples égyptiens où il était vénéré.
Et si vous rouvrez les pages de la mythologie grecque, y règne Pneuma: le souffle.
Savez-vous que dans la plus pure tradition du taoïsme chinois, l'origine des temps respirait déjà par neuf souffles?
Un jour, ils décidèrent d'unir étroitement leurs forces. C'est leurs richesses nouées toutes ensemble qui créèrent et marièrent le temps et l'espace – qu'ils n'ont jamais cessé d'animer.
Yahvé: lui, dans la Bible – savez-vous comment il s'y est

pris pour doter l'être humain d'une âme ? Il ramassa de la terre glaise et pour la première fois modela une statue en forme d'homme. L'ayant longuement regardée, l'envie lui prit de partager ses richesses. Alors, de ses pouces, il ouvrit deux trous dans son visage dans lequel il insuffla son propre souffle de vie. Et la statue fabriquée d'une poignée de terre commença à bouger. Dès qu'elle reconnut Yahvé, les yeux de son cœur s'ouvrirent.

Le Christ, fils de sa descendance, soufflait sur les morts pour les rappeler à la vie.

C'est son haleine que la maman souffle sur le bobo pour le guérir. Elle aussi participe de la tradition vivante... pas si magique qu'il y paraît !

En effet, branchée sur les énergies de son souffle, elle transmet à l'enfant les forces de son amour qui l'apaisent... et pourquoi la guérison ne s'opérerait-elle pas ainsi plus rapidement ?

Qui a nommé soufflet cet instrument de forge ou de cheminée familiale, qui actionne l'air et produit le vent ?

Mettons enfin à la « une » l'âne de Gonfaron cher à Alphonse Daudet. Comme il était efflanqué, son maître qui voulait le vendre attira la compassion et la solidarité de tout le village. Ne vous en déplaise, chacun muni d'une paille lui souffla à son tour dans le derrière. L'âne eut bientôt fière allure. Mais par quel élan d'enthousiasme associé fut-il à ce point gonflé d'air ? Il finit par s'envoler, sous les yeux extasiés des villageois et furibonds de son maître !

Apprivoisez le souffle

Pour entrer dans une communication intime avec soi-même, il faut prendre conscience de sa respiration.

- *Pendant quelques instants, portez donc attention à la manière dont l'air se déplace dans votre corps.*

Suivez-le tandis qu'il va, qu'il vient.

Accueillez-le dans l'inspir.

Laissez-le aller dans l'expir, sans le bousculer ni chercher à le modifier.

Il s'élève du ventre à la gorge, descend et s'évacue depuis la gorge jusqu'au ventre.
Entrez dans son rythme ; acceptez qu'il vous guide...
progressivement il se calme et vous apaise.
Si des pensées vous traversaient et coupaient votre concentration, laissez-les passer leur chemin : comme vous le feriez pour les images d'un film... mais revenez chaque fois aux sensations qu'éveille le souffle.
• Maintenant, posez les paumes de vos mains à plat sur la poitrine ! Laissez-leur le temps d'établir un bon contact, là où elles reposent.
Progressivement, elles se détendent et se laissent bercer sur le mouvement de l'air qui soulève et abaisse le haut du corps.
Laissez-vous le temps le temps de ressentir votre propre présence au centre même du mouvement et du souffle.
Une douce chaleur le pénètre et se répand jusqu'aux extrémités du corps.
Ne forcez pas les barrages naturels. Ce n'est pas le volume d'air ingéré qui relaxe ou vitalise, mais sa qualité.
Si l'automatisme vous gagne, revenez au contact que vos mains continuent d'établir avec la poitrine.
Liez-vous d'amitié avec votre respiration dans laquelle, juste maintenant, vous vous laissez apaiser et régénérer.
Le corps mais aussi l'esprit se laissent aller dans la confiance d'un enfant.
Avant de retrouver vos occupations, commencez par bouger vos bras, vos jambes, le bassin, puis tout le corps.
Étirez-vous longuement.

UN TEMPS POUR L'INSPIR, UN TEMPS POUR L'EXPIR

LA respiration s'inscrit dans un double mouvement : tension à l'inspir, détente à l'expir.
Les rythmes terrestres battent dans ce rythme à deux

temps : un fort, un faible... le cœur, les marées, un vol d'oiseaux ponctué par le battement des ailes...

C'est l'état de contraction qui sous-tend l'activité sous toutes ses formes. Et les recherches en physiologie montrent que les émotions, les activités mentales elles-mêmes, s'inscrivent dans une tension musculaire et nerveuse correspondante.

En effet, l'organisme humain fonctionne comme une globalité.

La tension correspond donc à une certaine quantité d'énergie : le carburant que nous dépensons. Ce tonus musculaire est notre moteur.

C'est cette énergie que consomment nos fibres nerveuses, les cellules du cerveau.

Mais si la source du carburant est intarissable, encore faut-il veiller à la bonne marche de la machine. Trop la pousser, l'engorge et l'épuise : bielle brûlée ou batterie à plat...

Pourquoi ne pas apprendre plutôt à conduire en souplesse ?

Après des dépenses intenses ou prolongées, décidez de déconnecter pour un temps ; et cessez vos activités.

Ainsi suivrez-vous les rythmes auxquels vous incite l'horloge biologique. Vous n'épuiserez pas vos réserves.

Laissez votre respiration faire son œuvre

C'EST le trop fameux stress qui manifeste un état d'alerte. Tirant le signal d'alarme, il nous avertit que l'organisme tout entier court au danger. Le corps exprime alors un état de tension intense, qu'il n'arrive plus à décharger.

Les personnes constamment tendues n'arrivent pas à équilibrer la gestion de leur capital énergétique... les préoccupations ne cèdent pas un pouce du terrain, reviennent à la charge.

On dirait qu'il y a toujours un objectif à atteindre, une tâche urgente à accomplir, une inquiétude à gérer. En fait l'unique solution salutaire : laisser le moteur souffler ; et trouver les moyens d'entrer en relation avec des moments de véritable détente.

Les relais de poste servaient avant tout à relaxer les chevaux : sage précaution pour sauvegarder le capital !

Mais si l'on perdait jusqu'à la capacité de s'arrêter régulièrement en chemin ? Dans les westerns, les chevaux n'ont qu'une solution : s'effondrer ou éventuellement mourir.

Angoisse et relaxation sont incompatibles.

Mais on peut apprendre à dégager le poids des surcharges matérielles et émotionnelles ; à défaire les nœuds qui paraissaient inextricables.

Il ne s'agit pas d'un laisser-aller, d'une fuite hors de la réalité sur une rêverie somnolente, un film... mais d'un arrêt volontaire : un temps pour s'écouter, se sentir vivre.

Si les tensions bloquaient les circuits dans l'organisme, la circulation se rétablira sur un souffle apaisé.

On dirait alors que le corps tout entier se dilate, tandis qu'il se laisse bercer sur les vagues de l'expir et de l'inspir.

Dès que vous avez cessé de focaliser l'attention sur les zones douloureuses, sur les cavalcades du mental ou la peur, elles commencent à relâcher leurs tensions agressives ou dépressives. Le parcours bienfaisant du souffle sur lequel vous avez reporté tout votre intérêt les a déconnectées.

Le souffle qui relaxe

Acceptez-vous pour quelques minutes de lâcher activités et préoccupations pour vous ouvrir, sans ambiguïté, à l'expérience proposée ?

Choisissez alors pour vous y installer un siège suffisamment confortable (mais pas trop ! il ne s'agit pas de s'endormir, mais d'être présent pendant que se déroule le processus de détente).

- *Laissez-vous le temps de sentir votre corps au contact des surfaces sur lesquelles il repose en toute sécurité.*

Ensuite, cinq ou six fois de suite, pratiquez une respiration rapide et haletante.

Terminez par quelques expirations profondes, sur lesquelles vous laissez partir les tensions qui acceptent de relâcher leur étau.

Recommencez si vous éprouvez le désir ou le besoin d'une

mobilisation puissante d'énergie suivie d'une détente correspondante à l'effort déployé.

- *Puis, dans une progression très douce, commencez à tendre votre corps.*

Serrez d'abord poings et pieds, bras et jambes, fesses.

Rentrez fortement le ventre.

Tirez les épaules en avant pour contracter le thorax et arrondir le dos.

Enfin, crispez le visage et les mâchoires.

Accentuez ces tensions aussi fort et longtemps que vous le pouvez, sans jamais aller jusqu'à éprouver fatigue ou douleur.

Au moment même où vous le décidez, lâchez tout en soufflant avec vigueur. Goûtez longuement la détente.

A nouveau, envoyez quelques profonds soupirs dans les régions du corps qui n'auraient pas encore lâché prise.

Plus vous tendez les muscles, plus la détente est profonde, à la condition de conduire le mouvement, consciemment.

Laissez maintenant l'air se promener librement. Il va, il vient, calme et serein.

Chaque inspiration amène une bouffée d'énergie.

Et dans l'inspiration qui suit, elle entraîne pour l'éliminer quantité de tensions qui subsistaient.

Goûtez cette proximité avec votre corps. Entre lui et vous commence à s'instaurer une complicité agréable.

Mais aussi vous êtes devenu un témoin – présent à votre propre souffle. Les pensées parasites restent à l'extérieur de votre véritable territoire. Laissez-les vagabonder à leur guise. Ce qui vous concerne, c'est le souffle, qui, dans le bien-être, réanime la vie.

- *Imaginez que vous avez posé sur votre visage un linge frais et léger, parfumé aux senteurs de fleurs naturelles.*

La peau détend ses centaines de petits muscles, et s'épanouit au contact de cette douceur odorante.

Mâchoires et dents relâchent encore leurs contraintes. La langue repose dans la cavité de la bouche.

Sentez vos yeux se détendre dans le berceau des paupières closes (ou à demi fermées).

Dans les narines circule un air qui rafraîchit et relaxe. Le corps, l'esprit se détendent, et respirent dans un souffle, un rythme qui vous est entièrement personnel.

• Imaginez encore : un oiseau traverse le ciel ; ses grandes ailes claires se déploient et se replient... se déploient et se replient en de longs battements paisibles sur lesquels vous installez votre souffle.
Quand vous aurez décidé d'arrêter l'expérience, respectez un temps intermédiaire avant de retrouver le rythme de vos occupations.
Partant d'un complet relâchement des muscles, remobilisez tout votre tonus.
Commencez à vous étirer très doucement dans tous les sens.
Laissez rouler lentement la tête bord sur bord : à gauche, à droite...
Prenez vos genoux ou vos cuisses dans vos mains. En expirant, rapprochez-les de la poitrine : relâchez-les, plusieurs fois.
Enfin, par petites étapes, redressez-vous. Tapez du pied sur le sol pour retrouver la stabilité dans une position verticale.
Vous avez établi votre sécurité au centre de vous-même où vous habitez.

A la fois émetteur et récepteur, l'être humain peut capter les forces qui lui permettront de réaliser ses choix. En effet, pensées et sentiments émettent un courant électrique, dont la longueur d'ondes correspond à leur qualité et à leur intensité.
C'est le souffle qui ramène cette énergie sur laquelle la personne l'a consciemment branché : essence vitale qui circule en nous sur des centaines de réseaux plus subtils que ceux parcourus par le sang.
Indivisibles à l'œil nu ou au microscope, ils sont bien connus pourtant des médecins traditionnels orientaux et des acupuncteurs. Leurs enchevêtrements ordonnés les font ressembler à une fine toile d'araignée.
Toutes les ressources dont nous avons besoin pour nous accomplir sont disponibles dans la terre et le cosmos. Mais seuls l'élargissement de notre champ de vision et la puissance de nos aspirations nous permettent d'y croire et d'en goûter les fruits – à condition que l'objectif dans lequel on s'engage soit suffisamment clair et fondé.
Le souffle alors, telle une flèche, se dirige vers la cible visée et l'atteint.

Les plus hautes aspirations correspondent aux plus hautes fréquences. Celles-là sèment en nous l'or de notre alchimie intérieure.
Ainsi chacun peut-il, et quels que soient ses handicaps ou son âge, dépasser sans cesse les limites dans lesquelles il se croyait enfermé. Il s'agit là d'une réalité que chacun peut conquérir.
Alors peu à peu vient le sentiment de participer librement à une nouvelle mise au monde, telle qu'on prend la responsabilité de l'orienter : corps et esprit liés par le souffle créateur.

HABITER CHEZ SOI

Dans une respiration consciente, l'air sensibilise de nouveaux espaces intérieurs.
Ils émergent alors de la passivité, de la non-existence, et le corps parcouru par ce doux flux cesse d'être fractionné, cloisonné.
Mais encore une fois, parler de la respiration ne l'anime pas.
• Commencez plutôt par prendre conscience de votre corps et de sa position dans l'espace.
Focalisez ensuite votre attention sur vos pieds : au contact des surfaces sur lesquelles ils appuient.
Prenez le temps d'entrer dans les sensations éprouvées.
Puis parcourez d'un doigt à droite, d'un doigt à gauche la surface extérieure de votre peau.
Elle délimite votre territoire physique et en assure la protection entière.
• Décidez de laisser partir les tensions sur quelques expirations transformées en soupirs de bien-être.
Et maintenant accueillez l'air.
A l'inspiration, il ouvre à nouveau l'espace en vous, le remplit de ses substances bénéfiques.
Laissez-le ensuite s'échapper comme il l'entend.
Goûtez aux sensations que le corps vous manifeste et habitez chacune de vos respirations.
Vivre ainsi au présent de vous-même délivre la mémoire du passé.

A d'autres moments, considérez ce que votre respiration révèle ; observez son déroulement et son rythme : serrée dans un piston qu'aucun obstacle n'arrête ?... ou ponctuée de vides... d'éructations haletantes ?
Frêle comme un nuage trop léger que le moindre vent pourrait effilocher, déchirée ?... ou puissante à la manière d'une locomotive haut le pied ?... et pourquoi pas souple et régulière ?
Cependant excluez toute évaluation. Faites au contraire de ce regard sur vous-même le cadeau d'une transparence aimante – derrière un éventuel humour.
Alors, l'air, s'il coulait dans le vide ou le chaos, vous remplira de bien-être et d'harmonie.

DÉPLOYEZ VOTRE CORPS DANS L'ESPACE

• *Et maintenant, élevant vos mains devant vos yeux, frottez-les l'une contre l'autre. Par ce double contact du regard et des mains, établissez une relation sensible avec vous-même.*
Ayant ainsi énergétisé vos doigts, posez-les sur le haut de la poitrine. Le souffle fidèle vient s'y installer, et vous berce, vous berce sur votre propre corps – aussi longtemps que vous prenez plaisir à cette rencontre.
Tensions et contradictions internes ont relâché leurs tentacules... se diluent dans le corps et l'esprit pacifiés. En cet instant, rien ne vous est plus intime que vous-même.
• *Imaginez alors un paysage printanier, un lieu qui vous « parle ».*
Toujours centré dans la partie supérieure de la poitrine, près du cœur, vous dirigez vos antennes vers le soleil.
Sur la trajectoire qu'elles ont établi coule vers vous le feu adouci d'un rayon.
Il vous enveloppe dans l'éclat tamisé de sa lumière.
Laissez glisser en vous la qualité particulière de cet air porteur de paix.
Votre corps se déploie dans l'espace pour l'accueillir.
Enfin, votre souffle empli de votre esprit s'élève vers les sphères les plus hautes, chargé de vos vœux les plus précieux.

CHAPITRE

2

La reconnaissance du terrain

Que je le veuille ou non, «ça» respire à l'intérieur. L'air entre et emplit un espace – qu'il vide à la sortie. Mais s'il entre en moi sans que je l'identifie, est-ce que j'habite réellement chez moi? Et pourtant c'est à lui que je dois la vie et le moindre de mes mouvements.

La respiration, comme toutes les grandes fonctions de l'organisme, régule nos besoins fondamentaux. C'est elle qui apporte la vie – quel que soit notre état physique ou moral – et jusqu'à épuisement complet.

Cependant, si je porte attention à l'air qui circule, aux sensations qu'il provoque en moi à son passage, alors je deviens présent à ma propre histoire organique.

Mais aussi, cet air qui vient de l'extérieur module tous les sons. Et je peux devenir un merveilleux instrument à vent pour mille musiques. Suis-je ce musicien dont le corps conscient peut manifester son chant et les messages personnels que je lui transmets – sur tous les registres où il me plaît de m'exprimer?

L'air vient d'un espace immense, nous traverse et y retourne: à raison de douze-quinze respirations à la minute, nous arrivons à des milliers par jour.

Pourtant si des personnes, des événements venus du monde extérieur envahissent de malheur ou de peur notre territoire, il se pourrait bien que, consciemment ou par instinct, nous enfermions le corps et sa respiration dans un rétrécissement protecteur. A la longue, il amenuise les échanges et l'expansion de la vie.

Son contraire: la fuite hors de soi et toujours ailleurs, finit par provoquer un égarement hors de ses propres racines et de ses richesses intimes.

Mais si nous habitons en notre propre centre, présent au souffle dont nous ne quittons pas le fil d'Ariane, il est possible de s'ouvrir et de s'épanouir dans les limites souples qu'on se fixe à soi-même – sans le danger d'être happé par le monde extérieur ou de s'y perdre. Ainsi les forces utilisées à combattre ou se mettre à l'abri peuvent-elles émerger en projets personnels.

Le chemin du souffle

Pour apprendre à le reconnaître et à le personnaliser, je vous propose maintenant d'accompagner l'air dans son périple au travers des conduits de l'appareil respiratoire : et d'abord ramenez l'attention à votre visage, en grimaçant légèrement dans tous les sens. Écartez ensuite les ailes du nez, plusieurs fois, pour bien en situer la géographie particulière.

Prenez le temps de sentir l'air vous pénétrer par les trous des narines.

Le nez exerce les fonctions d'un véritable « gardien du seuil » chargé de veiller à la qualité de ce qui franchit ses frontières. Les poils qui tapissent son antichambre stoppent les particules de poussière contenues dans l'air. Le mucus, lui, les englue pour les empêcher de pénétrer.

Et ce n'est pas une petite affaire que filtrer 1 200 à 1 500 litres d'air qui, chaque vingt-quatre heures, transitent dans les deux sens.

S'il y a défaut de ventilation dans les fosses nasales, les mucosités et les poils ne peuvent plus happer les saletés ; et sans ces contrôles de sécurité, l'organisme risque l'intrusion de particules irritantes ou infectées.

Mais la visite guidée dans les cornets du nez n'est pas achevée. Considérez plutôt son installation d'air conditionné. Il est précieux en effet que l'air surchauffé ou glacé pénètre climatisé dans les poumons. Ce sont de minuscules récepteurs nerveux qui assureront cette fonction.

L'air qui a ainsi amorcé son circuit chemine maintenant au travers de tuyaux. Et il débouche sur une première jonction : le *pharynx*.

Continuant sa route vers le bas, l'air se dirige maintenant vers le *larynx*.

Peut-être le connaissez-vous sous son nom familier de gosier, et même éventuellement de « kiki » : celui qu'on serre ou que l'émotion referme.

Le passage de l'air bloqué provoque l'étouffement.

Une particularité des muscles du larynx : faire vibrer les

cordes vocales, et traduire sur cet instrument qu'est la voix d'innombrables moyens de communication.
La *trachée-artère* fait suite au larynx. Agent qualifié de la circulation, elle contrôle le bon ordre des passages, tandis que l'air monte et descend sur l'inspir et l'expir.
Ensuite, la route se sépare en deux bretelles : les *bronches*, que l'air emprunte indifféremment... et nous connaissons les troubles respiratoires qui pourraient occasionner les encombrements !
Le terme du voyage est proche, nous sommes aux portes des *poumons* : des jumeaux ou lobes, symétriquement installés dans la cage thoracique. Chacun d'eux ressemble à un demi-cône, dont la base est basculée vers le bas. Dans cet espace, tapissé de quelque trois cents millions de niches minuscules, s'opèrent tous les échanges gazeux entre l'air et le sang : station-service où s'alimenter en oxygène et y dégager son gaz carbonique. Les parois souples et élastiques des poumons vont se comporter en véritables pompes, actionnant sans cesse la respiration : mouvement fondamental de la vie.
Si le réseau dans lequel circule l'air est encombré ou défectueux, les poumons se trouvent mal approvisionnés en carburant et la pompe privée d'énergie ne peut plus nourrir l'organisme de façon bénéfique.
C'est de notre participation consciente qu'en grande partie dépendent et le volume d'air inhalé et sa qualité. Il s'agit donc de détecter les altérations, les manques et les pannes qui auraient pu se produire sur le trajet.
Revenons donc au point de départ de ce circuit permanent et ininterrompu.
Et d'abord : respirez-vous par le nez ? Non ? Alors cela commence mal, puisque les impuretés de l'air ne sont pas refoulées ou engluées, et qu'il arrive trop froid ou trop chaud dans les poumons !

APPRIVOISEZ VOS NARINES

Si vous avez l'habitude de respirer par la bouche et que l'air pénètre mal par les narines : apprivoisez-les.

Faites quelques respirations par la bouche, calmes et modérées. Après une longue expiration, fermez la bouche, et en même temps élargissez chaque aile du nez avec un doigt.
Aspirez l'air à toutes petites bouffées rythmées. Si vous manquez d'air, complétez doucement par la bouche... plusieurs fois.

• Actionnées par leurs muscles, les ailes du nez s'ouvrent et se ferment à volonté.
Tout en respirant par la bouche et à l'aide du pouce et de l'index, pincez progressivement puis fortement les ailes, là où elles sont les plus larges et le moins sensibles.
Relâchez d'un coup; et recommencez.
Maintenant, la bouche bien fermée et après avoir fini d'expirer, pincez et fermez les narines.
Dès que vous sentez un appel d'air, libérez le nez. Les ailes s'écartent spontanément pour absorber un maximum d'air trop longtemps contenu... plusieurs fois.

• Caressez doucement et en cercle les extrémités du nez, pour les sensibiliser. Puis introduisez délicatement un petit doigt dans chaque cavité que vous tenez ainsi écartée.
Prenez le temps de sentir, en plusieurs respirations, l'air frais et libre remonter jusqu'à la membrane supérieure.
Maintenant et à plusieurs reprises, élevez vos sourcils le plus haut et le plus vite que vous le pouvez vers le front qui se plisse.
L'air, ventilé dans les fosses nasales et à proximité du cerveau, alimente abondamment en oxygène ce gros consommateur: il absorbe environ le tiers de la production totale.

• Enfin, prenez une plume d'oiseau, un bout de laine ou un morceau souple de salade, pour vous en chatouiller le nez.
Continuez bouche fermée, tandis que, sous l'influence du supplice chinois, votre visage commence à se contorsionner.
Peut-être aurez-vous la chance d'éternuer: belle occasion offerte de sentir s'écarter les ailes du nez, et en jouir! Non? Alors changez de tactique. Le frottement plus léger, prolongé, finira par accomplir le même office.

DÉGAGEZ VOS NARINES

Les narines bouchées par un gonflement des muqueuses ou par des mucosités peuvent, elles aussi, bénéficier de soins efficaces.
Remplissez de sérum physiologique le contenu d'une petite cuiller, et tenez-la dans une main.
Avec un doigt de l'autre main, fermez la narine correspondante.
Puis relevant légèrement la tête, aspirez l'eau lentement par la narine libre. Ensuite, soufflez bruyamment, tête baissée, l'air et l'eau.

Il est possible que l'eau salée pique légèrement, dans un premier temps; mais elle purifie, cicatrise et réhydrate les cellules asséchées.

Ensuite obstruez la narine qui vient d'aspirer l'eau, et par l'autre, respirez une nouvelle petite cuillerée d'eau.
Vous pouvez vous-même fabriquer cette eau de mer, en faisant bouillir pendant dix minutes une cuillerée à soupe rase de gros sel marin dans un litre d'eau. Versez le mélange dans un récipient de verre; c'est tout.
Pour décongestionner le nez obstrué, massez-le sans appuyer, avec la pulpe des doigts et entre les deux sourcils: tournez d'abord de droite à gauche pour le dégager, puis de gauche à droite pour le vitaliser.
Enfin, allongé sur le côté opposé à la narine bouchée, revenez aux sensations du corps, en ses appuis.
Lâchez les tensions accumulées sur quelques soupirs de détente.
Donnez ensuite toute votre attention à l'air qui vous soulève et vous abaisse le corps, à son passage.
Le souffle auquel vous devenez présent chasse les fatigues du mental.
Il vous berce, vous berce, et la narine se dégage.
L'air dans votre nez circule librement, commence à mobiliser la zone située dans le haut des poumons.

L'ESPACE DU HAUT

L'AIR atteint maintenant le sommet des poumons et les dilate. Il s'écoule dans l'espace que contient la cape osseuse : le thorax. Y résident non seulement les poumons, mais aussi le cœur. Trop tendu, il le comprime et les battements qui se dérèglent finissent par produire de l'angoisse.

Votre inspiration souple et légère défera les éventuelles cuirasses dues aux tensions. L'air, alors, vous gonflera comme un petit ballon... et se dégonflera à l'expir – si vous acceptez de relâcher les barrages qui empêchaient la bonne circulation des canaux sanguins et énergétiques. Mais aussi les épaules, le haut de la colonne vertébrale, affaissés sous le poids de la fatigue, des soucis ou du manque d'exercice, coincent l'air qui circule difficilement jusqu'au sommet des poumons.

ÉTENDEZ LE THORAX

Reprenez donc contact avec la manière dont votre corps est disposé dans l'espace. Assurez-vous que la tête est droite, sans rigidité et dans le prolongement de la colonne vertébrale.
Pouvez-vous relâcher davantage les épaules qui ont une fâcheuse tendance à se crisper ?
Laissez glisser d'eux-mêmes les bras vers le bas ; mais surtout abandonnez toute volonté de les y entraîner : bon moyen pour les tendre un peu plus !
Imaginez plutôt que vous laissez tomber un vêtement souple, retenu par les épaules. Alors les muscles coulent dans la détente, et les mains relaxées pendent au bout des bras, entraînant avec elles le relâchement de tout le haut du corps.
Et maintenant que l'espace est dégagé, posez les mains sur le haut de la poitrine : les doigts au contact des clavicules (ces deux os qui de chaque côté de la gorge la touchent).
Elles participent à la mobilité de la cage, à la mise en liberté de sa souplesse.
Portez attention aux narines dont les ailes s'ouvrent pour capter un air léger, frais et vitalisant.

Accompagnez-le dans son trajet entre la gorge et la poitrine… entre la poitrine et la gorge qu'il ouvre et relaxe.
Le cœur lui-même, résidant dans cet enclos, apprécie le mouvement doucement rythmé qui, dans un bien-être naissant, s'accorde au sien.

Empli d'un souffle trop puissant, le «moi» bombe en avant son thorax. Les énergies risquent de s'enliser dans cette unique partie de l'être.
Alors qu'un souffle parcimonieux dans une poitrine rétrécie, un dos voûté, témoigne d'un «moi» trop effacé ou apeuré, une respiration ample et tranquille, elle, dynamise le cerveau qui s'éveille à de nouvelles capacités. Mais aussi l'air stimule vers le bas les forces instinctives.
S'il en est conscient, c'est l'être tout entier qui s'épanouit dans une présence accrue à lui-même.
Quelques expériences encore pour accroître votre capacité pulmonaire; pour augmenter la qualité de l'air conduit par le souffle.

Étendu

Le corps souple et droit, roulez très doucement votre tête vers l'épaule droite (ni la tête ni les épaules ne quittent le sol).
Sentez alors s'étirer le sommet du poumon à gauche, au moment où vous inspirez.
Ramenez la tête en avant pendant le temps de l'expiration; puis tournez la tête vers l'épaule gauche avec les mêmes précautions.
Le sommet du poumon droit s'élargit et reçoit à son tour l'abondance d'un air bénéfique.
Sur l'expiration revenez au centre.
Pour quelques instants, accueillez les sensations nouvelles.

Respirez par le dos

Posez de part et d'autre du dos, et selon votre souplesse, le dessus ou la paume des mains.
Donnez-vous le temps de sentir le jeu musculaire qui s'assouplit; son ampleur

qui progressivement repousse les mains à l'inspir. Les vertèbres participent à cette libération.

Comme un balancier

Comme le balancier d'une horloge, la respiration qui va et qui vient marque le temps séquentiel : celui du monde de la matière.
Celle qui naît du cœur ou de l'esprit rassemble, elle, en la personne, tous les temps habités de sa présence continue.
Le souffle qui va ouvre au monde extérieur ; celui qui nous revient ouvre au langage personnel.
Cependant, si nous nous projetions à l'extérieur sans garder un point de référence en nous-même, nous pourrions bien nous égarer dans un monde trop vaste – tandis qu'une angoisse existentielle, un besoin de garder pour soi ou bien de perdre son identité recroquevilleraient la vie dans la protection de barreaux illusoires.
Alors ? Alors, l'amarrage fiable, c'est le souffle installé au centre de notre « moi » conscient.
Notre vision circulaire permet de délimiter et d'investir en toute sécurité le territoire que nous avons décidé d'habiter ; mais aussi de le protéger des incursions étrangères ou ennemies.

Retrouvez l'intimité de votre espace intérieur

- *Commencez par fonder la réalité du corps visible dans ses appuis au sol.*

Sentez précisément la place qu'il occupe dans l'espace, limité par la peau qui l'entoure entièrement, et le protège.
Puis, circulant sur l'air qui parcourt l'intérieur, retrouvez l'intimité née de la qualité d'une présence que vous vous donnez.
Portez attention à votre main droite.
Caressez-en l'intérieur du bout des doigts.
Posez-la, vitalisée, sur le haut de la poitrine à droite.

Prenez le temps d'apprécier le contact. De vous sentir, là, rassemblé au centre de votre respiration.
Et maintenant, opérez une sortie vers l'extérieur.
Allongez le bras devant vous ; ouvrez l'un après l'autre chacun des doigts. Regardez-les se mouvoir devant vous et décrire des arabesques dans l'air.
Les doigts règlent le ballet et s'épanouissent comme fleurs au soleil.
Sentez-les aussi quand ils se rassemblent dans la paume.
Vous les ramenez sur le haut de la poitrine à droite.
Ajoutez au mouvement la respiration consciente : ouvrez-vous à l'inspir ; intériorisez-vous et refermez vos frontières à l'expir.
Et maintenant, posez votre main, sur le haut de la poitrine, à gauche... et faites-la danser.
Enfin, les deux mains se meuvent et remplissent exactement l'espace que vous leur avez permis d'occuper.
Une position stable au centre de la poitrine vous permet de gérer cet espace extérieur en toute sécurité.
Des pensées et des sentiments paisibles et bienveillants pour vous-même vous rapprochent de votre espace le plus intime.

Vous vous rassemblez ainsi autour du cœur et dans votre propre unité.
C'est elle qui ouvre à la compréhension d'une éternelle présence à soi-même ; à une évolution qui appartient potentiellement au patrimoine de chaque être humain.

L'ESPACE MÉDIAN

RESPIREZ sous vos mains posées sur la partie mobile des côtes : de chaque côté.
L'air occupe cette zone qui s'étend depuis le milieu de la cage, jusqu'à l'ombilic.
C'est là que réside le moteur de la respiration : le diaphragme, mot d'origine grecque et qui signifie « séparation, cloison ». En effet, ce grand muscle sépare l'abdomen du thorax et assure leur liaison.

C'est lui qui dans son double mouvement de relâchement et de tension actionne sans cesse la pompe pulmonaire. Tel un ascenseur automatisé, il descend et monte de quinze à vingt fois par minute. Masseur attitré du cœur, il le soutient et le régule tout en malaxant organes digestifs et intestins. Il impulse aussi la circulation sanguine et lymphatique.
Le piston d'une seringue : voilà l'image qu'on lui donne, et qui illustre bien son fonctionnement. Sous l'effet de l'inspiration, l'air entre dans la partie basse des poumons et le diaphragme descend, comprimant ainsi les organes abdominaux légèrement repoussés vers le bas.
Pendant l'expiration, le diaphragme relâche sa pression et s'élève, tandis que les poumons se vident.
L'air chassé vers l'extérieur permet aux organes de se détendre.
L'inspiration devrait se faire d'elle-même et spontanément, sans entraîner le moindre effort.
Elle est alors élan spontané vers le haut ; tandis qu'une expiration efficace exige un lâcher-prise vers le bas du corps – où le mental se dilue. La tête pousse le ciel si l'air monte jusqu'au sommet des poumons ; il s'enracine vers la terre et dans la profondeur, si l'air descend jusqu'au fond du ventre.
L'espace médian qui se remplit est animé d'une force horizontale.

Comme un accordéon

Vos mains posées sur les basses côtes ressentent le mouvement d'un accordéon qui se dilate quand il se remplit d'air et se contracte quand il l'évacue.
Écartez donc vos soufflets pour les remplir de vent.
Resserrez-les pour qu'expulsé, il exprime son chant. Et pendant ce temps, la bouche entrouverte, sifflez entre vos lèvres un air que vous aimez.
Imaginez que vous entourez les côtes d'un bout de laine, noué par une seule boucle lâche. L'enjeu est de la faire sauter. Dilatez au maximum vos muscles sous le fil qui se tend. A chaque inspiration,

ouvrez davantage : sans prendre trop d'air ou forcer l'allure.
Bientôt, la laine dénouée tombe. Vous êtes libre.
Et maintenant, si vous avez « visionné » l'opération réussie : faites-en l'expérience dans la réalité !...

Éprouvez du plaisir dans ce double mouvement : celui d'une énergie tantôt dense, tantôt légère – qu'il vous appartient de mobiliser pour élargir votre territoire, ou le refermer : selon vos intentions personnelles !

Et maintenant, du bout des doigts, cherchez le plexus solaire.
Vous le trouverez au creux de l'estomac, sous les dernières côtes.
Sentez le contact s'établir, et le souffle bercer vos mains dans la tranquillité de ses amples vagues.
Offrez-vous aux sensations, au ressenti qui naissent de cette rencontre.
Cette zone est le siège de la vie émotionnelle.
Décidez de lâcher les attachements sentimentaux destructeurs, mais aussi les peurs, l'angoisse ou la haine. Pendant que vous respirez, sentez-les se dissoudre.
Un nouveau langage est en train d'émerger, né d'un souffle empli de sérénité.

PRENEZ DE LA DISTANCE

Dans la journée, où que vous soyez, il est parfois nécessaire de mettre une distance émotionnelle entre les événements, les autres, et soi-même.

Posez une main sur le plexus solaire, les doigts dirigés vers le haut.
Pressez légèrement pendant que vous expirez, et jusqu'à extinction du souffle.
Attendez l'envie d'inspirer, avant de laisser l'air à nouveau vous emplir... plusieurs fois.
Rassemblez-vous au creux du souffle, sous votre main.

Ou encore :
Debout sur vos pieds un peu écartés et bien plantés au sol, assurez-vous que les genoux restent flexibles.
Redressez la colonne vertébrale, doucement, jusqu'à la tête légèrement inclinée vers la poitrine.
Les mains, comme poupées de chiffons, pendent au bout des épaules détendues.
Commencez à vous balancer d'un pied sur l'autre, au rythme de votre respiration, et sans que jamais ils ne quittent leur appui au sol.
Et maintenant, appuyé sur la jambe droite et le pied droit, laissez-vous pencher vers la droite, tout le haut du corps détendu – pendant que vous expirez.
Revenez au centre, posé bien droit sur vos deux pieds, et inspirez.
Puis, appuyé sur la jambe gauche et le pied gauche, laissez l'épaule et la main détendues vous entraîner vers le sol, à gauche et sur l'expiration.
Revenez au centre où vous inspirez... continuez un certain nombre de fois.
Vous n'habitez ni à gauche ni à droite, où peuvent vous entraîner les événements ou vos propres errances : mais en votre propre centre où vous vous tenez, ferme et droit.
Mains sur les hanches, expirez maintenant, penché en avant : inspirez en vous redressant.
Expirez légèrement incliné vers l'arrière. Revenez, vous êtes au centre de toutes les directions que vous venez d'explorer : à droite, à gauche, en avant et en arrière.
Imaginez enfin que vous reliez ces quatre points de l'horizon avec le fil de votre respiration ; jusqu'à former un cercle.
Qui pourrait le franchir sans votre accord ?

L'ESPACE INFÉRIEUR

CONTINUANT leur exploration, les mains s'arrêtent sur les parois abdominales, sous l'ombilic.
Plusieurs couches de muscles enveloppent le ventre et le protègent. Elles forment la *sangle abdominale.*

Quand l'air expulsé vous quitte, l'enveloppe se rétracte. Elle se dilate dès que l'air remplissant cet espace la repousse vers l'extérieur.

Ce sont les muscles abdominaux qui font bouger le diaphragme : l'inspir, ici, requiert un certain effort musculaire. C'est la quasi-totalité des échanges organiques qui en paie les frais.

Les racines de l'arbre plongent dans la terre pour le nourrir. L'espace respiratoire du ventre, lui aussi, doit s'alimenter aux forces telluriques. En lui s'inscrivent les énergies du corps et ses manifestations : désirs et impulsions, mais aussi élan vital et forces constructives.

Renier la partie physique de son être, la reléguer dans les bas-fonds, la tenir pour quantité négligeable ou la garder au bout d'une laisse trop courte, finit par dévier ou écraser ce don précieux de la « Grande Nature » – à laquelle chacun participe fondamentalement.

Il s'agit de découvrir et de guider ce potentiel inépuisable, et de prendre la responsabilité de son usage.

Ce mouvement vers le bas prend son sens si, en fin de course, il s'inverse et rebondit vers le haut.

L'être humain, émergeant des forces instinctives parfois obscures, est alors propulsé sur son souffle vers les forces cosmiques – où s'épanouissent ses qualités les plus subtiles.

Ainsi, la puissance qui sous-tend l'édifice n'émerge ni du mental ni de l'ego, mais de la sève terrestre.

Il y a toujours danger à couper la communication entre le corps et l'esprit, alors que le souffle a pour mission de les relier.

La paroi abdominale joue donc un rôle important dans le bien-être et l'équilibre de l'organisme tout entier.

Légèrement contractée, elle reste souple et vivante. Cependant, il ne s'agit en aucun cas de contracturer le ventre. Comment le diaphragme pourrait-il jouer librement, si les parois rigides bloquaient son mouvement ?

Mais, constatez par vous-même ! Dans un premier temps, il s'agit de sensibiliser cet espace fondamental.

DÉGAGEZ VOTRE DIAPHRAGME

Prenez le temps de lâcher vos occupations et avertissez le mental que vous allez couper avec lui la communication.
Puis revenez à votre corps tel qu'il est sur ses surfaces d'appui, dans son espace particulier.
Posez vos mains sous l'ombilic à plat, sur la largeur du ventre.
Le mouvement que vous sollicitez, simplement par l'attention portée, abaisse et soulève les mains, sans intervention de votre part.
Pour mieux localiser encore cet espace, aspirez autant d'air que le bas du ventre peut en contenir.
En souplesse, élargissez les parois, de tous les côtés, attentif à maintenir l'air en bas.
Au moment où vous lâchez, le ventre s'aplatit et le diaphragme remonte.
Maintenant, gonflez légèrement cette partie située sous l'ombilic ; l'air remonte, emplit les poumons.
Pas question de pousser, ni de s'arrondir comme un tonneau !
Pendant l'expiration maintenez la sangle abdominale légèrement retenue.
A l'inspiration, modérez la dilatation des parois. La sangle résiste à la pression douce de vos mains.
Ainsi, bien soutenu et canalisé, le diaphragme peut s'abaisser profondément.
Cette compression repousse les organes vers le bas, les masse et les tonifie.

Pendant la journée, exercez-vous à raffermir vos muscles sous l'ombilic ; à maintenir ainsi un contact à la fois tonique et relaxé avec vous-même.
Essayez donc cette respiration avec le ventre relâché. Faute de moteur et de carburant, le voilà qui s'immobilise. Le diaphragme fonctionne au ralenti et la vitalité organique s'amenuise.
Enfin, si vous rentrez exagérément le ventre, c'est le haut de la poitrine qui règne en souveraine. Elle s'attribue le

plus grand volume d'air inspiré; les autres espaces, frustrés, entrent en léthargie.
Il pourrait se créer à la longue un déséquilibre dans les fonctions, mais aussi dans la personnalité – prisonnière alors d'un mental et d'un ego hypertrophiés!
Une respiration puisée dans les profondeurs du ventre pénètre tout le bassin et remonte d'elle-même jusqu'aux parties supérieures des poumons – à la condition d'un diaphragme mobilisé par la souple vigueur des parois abdominales.

Apprivoisez le lieu-racine

Vous pouvez vous-même inventer des exercices pour apprivoiser ce lieu-racine. Par exemple:

• *Étendu, posez les mains sur le ventre: pouces à la hauteur du nombril et les autres doigts dirigés vers le pubis. Tête, épaules et dos ne quitteront pas le sol.*
En expirant, rentrez progressivement le ventre, les reins doucement pressés vers le sol.
A l'inspiration, le ventre et les reins remontent.
Laissez ainsi le ventre jouer à la bascule pendant que vous y aspirez et inspirez, consciemment.
Prenez le temps d'apprécier le tonus qui s'installe dans cet espace.
Et maintenant, à l'expiration, poussez le ventre vers l'arrière, parois légèrement tendues.
Pendant le temps de l'inspiration, levez les bras et les mains en diagonale pour accueillir plus d'air: d'abord dans le ventre, puis dans l'espace médian, enfin dans le haut des poumons.
Surtout ne prenez pas la direction des opérations. Laissez faire, conscient de synchroniser le mouvement et la respiration.
Lâchez à l'expir et... recommencez.
Si vous vous êtes évadé, simplement, revenez au souffle et accompagnez-le.

Respiration et méditation

Parmi les grands enseignements traditionnels, certaines pratiques prennent la respiration abdominale comme base d'apprentissage pour la méditation, mais aussi pour explorer et conduire l'énergie : maîtrisée et consciemment orientée.

Le bouddhisme japonais, le Zen, venu de Chine vers le douzième siècle en est, par exemple, une excellente illustration.

Ces valeurs monastiques perdurent depuis huit siècles, et résident essentiellement dans une attitude du corps et de l'esprit. Zazen : l'assise en silence, et le souffle au service du chemin intérieur.

Au milieu de notre siècle, un maître zen, Taisen Deshimaru, vient établir sa mission en Europe : enseigner le zazen, la présence juste dans une concentration sur l'instant présent – jusqu'à ce que, par la succession des instants, la vie entière soit vécue en état d'éveil.

Zazen, c'est l'expérience en direct de la vie ; le retour à notre nature originelle.

Pour le pratiquant, les mots sont inutiles. Seule compte l'expérience.

« On peut connaître le goût de la pomme en la contemplant. Il faut la croquer pour en apprécier sa saveur et sa qualité !... et pour savoir réellement ce qu'est une pomme » (T. Deshimaru).

Apprenez l'assise zen

- *Si vous voulez approcher la pratique de cette respiration, asseyez-vous sur un coussin, pour que vos jambes croisées et largement écartées touchent le sol.*

Ainsi le corps soutenu repose-t-il sur un socle équilibré et bien centré. Vous pouvez vous asseoir sur une chaise, mais le dos est droit ; les pieds non croisés reposent à plat sur le sol.

Prenez conscience de la position du corps dans l'espace.

Sentez-le vivre dans son mouvement respiratoire spontané.

Quelques profonds soupirs de détente permettent au visage d'en décrisper les petits muscles.
Les épaules laissent glisser les tensions au-delà des mains.
Poitrine et ventre lâchent la mémoire du passé et ses cuirasses. Le corps commence à s'enraciner.
En partant du dos, à sa base, la colonne commence à se redresser. Avec l'assise, c'est elle qui assure une juste verticalité. Elles témoignent d'une prise en compte de vous-même.
Si la respiration reste perchée dans l'espace supérieur, est-ce par peur de lâcher ? Pour un ego qui assure sa prééminence ? Pour la débloquer, expirez longuement en poussant l'air pour le ramener dans l'espace inférieur : il restera votre interlocuteur privilégié.
Ne laissez pas tomber le ventre, ni ne le gonflez, mais pratiquez la juste tension des parois abdominales.
Et maintenant, commencez à respirer dans un rythme lent et profond.
Portez exclusivement votre attention à l'expiration, puissante. L'air est rejeté à l'extérieur et la force de l'énergie descend dans le ventre.
L'inspiration, elle, se fait naturellement : l'air emplit de façon vive et spontanée l'espace offert.

Taisen Deshimaru témoigne qu'une expiration lente, profonde, calme et puissante balaie les complications du *cortex cérébral*.
Alors la santé revient, « l'esprit devient propre et clair comme un ciel sans nuage… comme un clair de lune ».
Des rituels secrets dans le monde entier utilisent le souffle comme moyen privilégié de purification ; mais aussi d'ouverture à des niveaux élevés de conscience. Ainsi en est-il, par exemple, de certains monastères tibétains, chrétiens…
Chez les soufis (mystiques musulmans) en certaines circonstances, il est possible aux non-initiés de participer par le regard et le cœur à leur danse sacrée. Les derviches tournent et tournent pendant des heures, toute leur vie, et sous l'autorité d'un maître spirituel qui guide la qualité de la posture, du souffle et de la méditation.

Ils s'offrent ainsi en médiateurs des forces célestes pour les donner à la terre.

COMME UN DERVICHE

• Comme eux, debout, vous laisserez un pied stable au sol. Il servira de pivot autour duquel tournera l'autre pied – en le glissant et toujours lui aussi au contact du sol. Et maintenant, il vous entraîne dans un mouvement circulaire ininterrompu... comme la Terre tourne autour du Soleil au milieu du firmament, de l'univers...
Au bout du bras dressé, ouvrez la main mise en coupe. Abaissez le bras gauche, paume ouverte vers la terre.
Au moment où vous commencez à tourner, placez votre respiration dans l'espace du ventre.
Puis dans un mouvement ascensionnel, montez l'inspir dans l'espace médian, puis supérieur.
Dans la coupe de votre main, à droite, vous recevez les bénédictions célestes.
Dans son trajet expiratoire et pendant que l'air redescend jusqu'au ventre, vous imaginez recueillir ces richesses dans la main gauche – pour les offrir à la terre, à tous les êtres vivants.
Vous reposez en toute sécurité dans vos pieds qui assurent votre stabilité ; vous êtes centré dans le bassin et la colonne vertébrale : l'arbre de vie... et présent au cœur de votre être.

ÉTIREZ-VOUS POUR RESPIRER

UN bon moyen pour développer votre capacité respiratoire : étirez-vous !

• Si possible, étendu sur une surface assez large et les jambes à leur aise : commencez par rouler bord sur bord en déplaçant l'épaule gauche vers la droite.
Le corps entraîné se laisse bouger, sans intervention volontaire.
Épaule et joue droite finissent par toucher le sol à droite.
Aidez-vous au moyen des talons et de la bascule du bassin.

Revenez au centre en basculant l'épaule et le talon droits ; l'épaule continue à vous entraîner vers la gauche où vous expirez – jusqu'à ce que la joue gauche soit au sol... ou dans ses environs.
Dès que le mouvement est acquis, montez sur le fil de la respiration comme sur une balançoire.
Expirez tandis que vous approchez du sol à droite.
Inspirez en revenant au centre, et poursuivez... le souffle et le mouvement vous bercent et vous détendent.
Les yeux clos ou mi-clos reposent dans le berceau des paupières.
Vos pensées sont calmes, vos émotions apaisées.
Vous habitez au centre de vous-même.

COMME UN CHAT

SOUVENEZ-VOUS d'un chien ou d'un chat au moment où il s'étire ; son corps s'allonge de plus en plus.
On dirait qu'il change de dimensions dans l'espace qu'il se met à occuper.

Et maintenant à votre tour. Poussez un bras à l'horizontale ou en oblique, aussi loin que possible.
Puis l'autre bras. Étendez-les plus encore : comme si chacun voulait ramasser un objet un peu plus loin.
Le haut du corps qui s'est ouvert s'emplit instinctivement d'air... davantage d'air. Dès que vous amorcez la détente, vous vous rétractez dans la position initiale, sur des expirations.
Relaxez-vous quelques instants pour laisser stress et tensions locales s'évacuer.
Ensuite, tirez en avant sur les deux jambes écartées, aussi loin qu'elles veulent bien vous conduire, sans aller jusqu'à la moindre crampe ou douleur.
Le bas du corps s'épanouit et respire ; tandis qu'à l'expiration il revient à sa position de départ.
Détendez-vous quelques instants. Les yeux fermés, et, en pensée, refaites ce parcours. Faites du ventre qui respire votre demeure.
Enfin, ouvrez largement en étoile bras et jambes. Étirez-vous aussi

loin que cela reste agréable. Ainsi, votre corps s'allonge et s'éveille à ses dimensions nouvelles.
La respiration stimulée régénère les fonctions de l'organisme, anime ses cellules, vitalise le cerveau et la peau.
Et maintenant synchronisez mouvement et souffle.
Étirez les jambes, et amorcez en même temps l'inspiration dans le ventre.
Puis ouvrez les bras ; la respiration monte dans la poitrine.
Commencez à expirer en ramenant les bras, puis les jambes dans leur position naturelle.
Poursuivez en continu... éprouvez du plaisir à vous ouvrir, un bien-être intime à vous refermer sans serrer !
Au centre du souffle, vous êtes présent à toutes vos dimensions.

A la fin d'une expérience, ramenez toujours l'air dans l'espace inférieur ; posez les mains sur le ventre et augmentez progressivement vos respirations jusqu'à ce que vos mains soient repoussées par la sangle abdominale.
Vous êtes prêt à reprendre vos occupation.

UNIFIEZ LE SOUFFLE DANS LES TROIS ESPACES DU CORPS

NOTRE corps, nos pensées et notre vie émotionnelle offrent bien souvent une ressemblance avec les morceaux d'un puzzle. Mais où est passé le dessin entier ? Lui seul peut donner sens aux parties qui le composent.
Si vous circulez librement en vous-même, vous donnerez sens à votre être.
Le fil conducteur est bien évidemment le souffle – à condition qu'il soit conscient des objectifs qu'il veut atteindre ; et décidé à prendre la responsabilité de les réaliser.
Conduisez l'air d'abord dans l'espace : physique en bas, sensible au milieu, mental en haut.
Mais à la fin, pratiquez toujours une respiration complète, dans laquelle vous vous rassemblez.

C'est l'esprit qui vous donne sens : quel que soit le but poursuivi.
Veillez cependant à ne pas pousser l'air sur les rails de la volonté qui durcit le corps, son véhicule, et le bloque.
Ne vous répandez pas non plus avec lui comme une nappe souterraine dans laquelle le « moi » pourrait bien se diluer.
Pratiquez plutôt la navigation à la voile qui ne tient pas tête aux obstacles, aux courants contraires, ni ne dirige les vents.
Dans une souplesse consciente, le barreur se dirige à la fin vers le port ensoleillé où il a décidé de jeter l'ancre ; mais jamais il ne l'a perdu de vue...
Expérimentez donc de naviguer au travers du corps, et sur les ailes du souffle !

VOYAGEZ SUR LES AILES DU SOUFFLE

• *Décidez de vous octroyer quelques minutes, sans qu'une intervention étrangère vienne vous interrompre.*
Reprenez contact avec votre corps, dont vous sentez certaines parties appuyer sur le sol.
Ce retour à vos sensations commence à libérer le mental de ses préoccupations.
En effet, le cerveau ne saurait à la fois gérer ce que vous pensez et ce que vous sentez.
Quelques soupirs de détente permettront aux tensions de relâcher leur étreinte.
Concentrez-vous maintenant sur les narines en les écartant, les rapprochant : à plusieurs reprises.
Sentez un air agréablement frais y pénétrer, puis circuler dans l'arrière-gorge, le cou et jusqu'aux poumons.
Posez une main sous vos narines.
L'air est tiède dans votre paume quand il ressort par le chemin inverse.
Cette attention concentrée sur l'air a calmé l'effervescence. Le rythme respiratoire réduit repose l'organisme et l'esprit.
Et maintenant remplissez le fond de l'espace abdominal, en amplifiant le mouvement du diaphragme.

Sentez le ventre se mouvoir tandis que vous contenez la sangle abdominale.
A l'expir, elle se détend, à l'inspir elle se bombe légèrement.
L'écluse ouverte, le souffle monte dans le thorax.
Il se dilate lentement sur les côtés.
Enfin, sur la lancée de votre attention, les muscles vous portent jusqu'en haut des poumons – où l'air pénètre et abonde.
Sentez-le vous parcourir, sans obstacles ou cloisons étanches. Le corps tout entier participe d'un même rythme, d'une même aventure ; et, c'est au cœur qu'il vous relie.

ANCREZ VOTRE SOUFFLE DANS VOTRE CENTRE VITAL

MAIS c'est bien dans l'espace d'en bas que réside le centre vital : lui qui pondère le corps et lui donne une assise stable.
L'air que l'on goûte consciemment, s'il est dirigé vers cette force fondamentale, est déterminant pour développer la vigueur et l'enthousiasme, mais aussi la confiance en soi-même et dans la vie.
Si la qualité de cet air ingéré dans le ventre doit rester le moteur de notre existence instinctuelle, il importe de la maîtriser : sans pour autant la restreindre – voire la retrancher derrière un mur d'interdits sur lequel serait placardé « Wanted » (force dangereuse à abattre) !
L'air monte ensuite vers le plexus solaire où réside le « Moi ». Son identité naquit de la conscience qu'il en eut, au moment où, quittant son unique condition animale, l'homme s'est dressé souple et droit sur l'axe équilibré de sa colonne vertébrale.
Mais trop souvent gonflé d'un désir de toute-puissance, bourré de peur existentielle, l'épanouissement du « moi » dans cet espace manque son destin.
Habiter là, avec son souffle, c'est apprendre à réaliser un

destin personnel : relié à soi et aux autres dans une circulation d'énergies et de sentiments harmonisés.
Le souffle, s'il est ancré dans sa base, épanoui dans l'espace médian, monte alors jusqu'au sommet – non plus pour stimuler des spéculations mentales ou des principes, mais pour que l'être tout entier unifie ses potentialités.
La femme et l'homme complets habitent leur totalité : tremplin et passage obligé pour accéder à une nouvelle source, qui, sortant des entrailles de la terre, éclatera au soleil de la réelle connaissance de soi.
La voie royale pour unir ces cloisonnements et apparentes contradictions est bien évidemment le souffle – s'il parvient jusqu'au cœur.
Depuis des millénaires, iconographie, légendes et symbolique comparent l'humain à l'arbre. Ses racines profondes puisent la vie dans la « terre mère » nourricière. C'est par le tronc de l'arbre que circule la sève – unissant les racines aux branches. Dans notre espace médian, aussi, la sève du souffle équilibre les champs des forces du bas et du haut. L'union alors peut s'accomplir.
Les énergies solaires font mûrir feuilles, fleurs et fruits, dont les semences ont été fécondées dans la terre.
Ainsi de la poitrine au sommet de la tête, un souffle fécondé à sa base fait lui aussi mûrir ce que nous avions planté.

L'ÊTRE EN DEVENIR

Une fois encore, rassemblez-vous.
Du bout des doigts légèrement appuyés sur la peau et sans jamais la quitter, parcourez le corps en faisant la ronde : ventre, reins et bas du dos.
Glissez ensuite les doigts sur les côtés, et jusqu'à la hauteur des dernières côtes.
Les sensations éprouvées à ce contact s'associent au souffle conscient qui, s'élevant du ventre à l'espace médian, les relie.
Les mains entourent les côtes et se posent : l'une sur le plexus solaire, l'autre au milieu de la poitrine, doigts vers l'intérieur. Dans

ce creuset, vous êtes en train de vous positionner de façon positive, face à vous-même et au monde extérieur.
L'air vous a rejoint et a harmonisé sentiments et émotions.
Vos mains enfin rejoignent le haut de la poitrine où elles se posent.
L'air sollicité vous suit dans ce parcours de plus en plus intime.
Ouvrez-vous à cette douce chaleur radiante.
Si l'air pénètre mal dans une sphère, appuyez fortement vos doigts pour la comprimer, puis lâchez brusquement les muscles qui font office de soufflet.
Cet appel d'air provoque la respiration qui s'amplifie ; elle occupe maintenant tout l'espace.
Laissez tomber les épaules, respirez dans la gorge, tout en la massant délicatement.
Si quelques tensions bloquaient encore l'air à son passage, soupirez longuement pour vider le corps de ce qui l'entraîne.
Expansez la vie. Ouvrez-vous largement aux forces de l'intelligence et du cœur.
Posez enfin une main sous le nombril, l'autre sur le plexus solaire.
Activez l'espace basique, puis médian : tremplins du souffle qui jaillit jusqu'au milieu de la poitrine, à la naissance des seins.
Demeurez en même temps l'observateur présent à l'émergence de votre vie subtile. Alors vous arriverez au cœur : celui qui, relié à l'Esprit, demeure le véritable centre de l'être humain.
Nostalgie ou quête fondamentale de chacun ?

Le Graal, la Toison d'Or... trésors légendaires où le héros se dépasse et se dépasse encore, pour revenir dans le seul lieu où la réalité du trésor réside : en soi-même.

LES BATTEMENTS DU CŒUR

IMAGINEZ un oiseau en train de se poser sur une souche d'arbre.
Il ébouriffe ses plumes, picore et saute sur la terre pour s'y promener.
Puis il s'envole vers une branche basse, s'installe entre deux rameaux. Regardez son petit ventre rond se soulever et

s'abaisser, jusqu'à ce qu'il s'envole, libre, dans le ciel clair.
Il traverse un espace bleu et serein sur le mouvement de ses ailes.
Elles s'ouvrent et vous inspirez; elles se referment sur l'expir.
Prenez le temps de le contempler; de faire silence en vous... de devenir l'oiseau et le ciel... il n'y a pas de limite au pouvoir de votre esprit.
Haussez le souffle et la pensée jusqu'au niveau des énergies les plus subtiles.
Alors, du ventre au cœur, un même rythme vous élèvera des racines jusqu'aux cieux intérieurs.

CHAPITRE

3

Vibrer sur les bonnes fréquences

TANT qu'un parachutiste n'a pas acquis les réflexes qui lui permettraient de guider lui-même sa descente, en toute sécurité, il laisse son parachute sur l'ouverture automatique – qui fonctionne alors sans intervention humaine.

Dès qu'il est capable d'évaluer la situation et tous ses paramètres mais aussi de gérer la justesse de ses gestes, c'est lui qui, en plein vol, prend la décision de tirer sur le parachute pour le libérer. Ce parachutiste a donc mis en route une action complexe : mesurer et coordonner à la fois l'ensemble mouvant d'éléments où il va engager sa vie ou sa mort.

Rien n'est livré au hasard, rien non plus n'est constant ou prévisible.

L'atterrissage lui-même dépend en partie de l'altitude, de la vitesse des vents et de la densité de l'air qui régule la vie organique de l'homme volant : battement du cœur, pression artérielle, détente obligée, certitude de la réussite...

Si l'horlogerie et la mécanique internes ont parfaitement fonctionné, lui, le parachutiste à qui le cerveau appartient, n'y a pas consciemment participé.

Cependant en permanence il reste celui qui prend chaque décision et s'y engage.

VOTRE CERVEAU EST TOUJOURS PRÉSENT

QUE nous en soyons conscients ou pas, le cerveau réalise nos objectifs.

Le cerveau fonctionne à l'électricité, au moyen de cellules nerveuses qui l'habitent : les *neurones*. Rapides comme la lumière, ils exécutent toutes les opérations qui gèrent l'existence. De la vie fœtale à la mort, ils ont pour mission de maintenir la cohérence et l'harmonie de l'organisme.

Le cerveau est informé de tout ce qui se passe chez son propriétaire : de la périphérie au sentiment le plus profond, rien ne lui échappe. Ses antennes qui le renseignent sont les organes des sens : instruments fondamentaux de son

tableau de bord électronique. Sa courroie de transmission : ce sont ses neurones voyageurs qui l'informent sans cesse du mouvement et du ressenti de chaque parcelle de l'organisme. Ils lui ramènent les sensations captées.
Le cerveau les décrypte, les analyse et, par retour, d'autres neurones ramènent les directives pour exécution... brûlez-vous contre une casserole chaude : sensations transmises au cerveau qui, dans l'instantanéité de l'éclair, reçoit l'information et transmet aux nerfs de la main de s'éloigner, de la secouer et souffler dessus, crier ou danser sur place...
Ne vous plaignez pas de souffrir !
Si vous ne sentiez rien, comment seriez-vous renseigné sur les dangers qu'encourt votre intégrité physique ?
Des observations sur le terrain donnent à penser que les lépreux perdent l'extrémité de leurs membres, non par atteinte de la maladie, mais parce qu'ils ne sentent rien quand ils se cognent, se blessent ou se brûlent.
Les neurones messagers circulent en leurs propres engins électriques, sur les réseaux de communication complexes du *système nerveux*. Constitués par des millions de nerfs, ils se ramifient eux-mêmes en millions de filaments répartis dans tout l'organisme.
Ils constituent un ensemble de lignes aux innombrables aiguillages, gares, échangeurs, voies de délestage et entrepôts.
Pas un recoin qui échappe à leur présence.
Pincez-vous l'extrémité du troisième petit doigt du pied gauche, et vous vous en donnerez des nouvelles !
C'est ainsi que le cerveau gère toute la motricité et la sensibilité humaine. Et en lui siègent aussi les manifestations de l'intelligence et de l'affectivité.

CERVEAU, MODE D'EMPLOI

CHACUN peut prendre une part active dans la protection de son organisme, dans le fonctionnement optimum de ses ressources.
Mais il faut commencer par cesser de subir ce que l'on ne

veut pas ou qui paraît être le fait d'un destin inéluctable : la maladie, l'échec, la souffrance...
Le mode d'emploi passe par une transmission au cerveau d'informations nouvelles émanées de désirs profonds pour un choix positif et personnel.
Cependant une pensée abstraite, un vœu pieux qu'on n'habiterait pas resterait sans effet, puisqu'aucune information sensible ne parviendrait au cerveau.
Il faut donc s'impliquer pour que les neurones transmettent des messages nouveaux au cerveau – pour exécution.
Ni le cerveau ni le corps ne nous veulent du mal.
Bien au contraire ils nous alertent, envoient parfois des signaux d'alarme ou des feux de détresse.
Douleurs, dépressions, états de stress résultent, le plus souvent, d'une mauvaise gestion de l'énergie et des forces vitales.
Il nous est ainsi demandé de modifier consciemment certains fonctionnements incohérents – et qui menacent notre intégrité.
Les souffrances considérées comme ennemies sont en fait pour le cerveau le moyen de nous informer des dangers d'une agression, bien que, jusqu'à un certain point de saturation, il ait toutes capacités de réparer et de protéger l'organisme lui-même. Il mobilise, par exemple, les globules blancs et les dépêche vers les envahisseurs : microbes, virus... pour les chasser ; mais aussi les envoie sur une blessure pour aider à sa cicatrisation.
C'est dans la qualité d'une respiration consciente – et par voie de conséquence d'une circulation sanguine fluide et purifiée – que les accus du système nerveux se rechargent.
Ils peuvent alors générer une vitalité accrue – orientée vers une réalisation positive des objectifs mis en train.
Le cerveau et ses réseaux informatiques fonctionnent encore pour partie selon leurs codes archaïques. Au cours des millénaires le système nerveux a affiné la sensibilité de ses antennes et donc accru la protection, l'évolution de l'organisme. Cependant, les circonstances de la vie actuelle engendrent des désordres physiques et psychiques pour lesquels ils ne sont plus suffisamment armés.

Seule notre collaboration peut, si nous affinons perceptions et pensées, développer l'intelligence et les compétences des neurones. Presque à l'infini, ils ont capacité d'élaborer de nouveaux antidotes au mal, et s'organiser en de nouveaux niveaux de conscience, toujours plus évolués.
Apprendre à respirer et à se relaxer provoque un état de détente dans lequel la personne elle-même apaise peu à peu les détresses, les turbulences de l'organisme – jusqu'à sa réharmonisation : étape fondamentale.
Comme pour le parachutiste, automatique et commandé s'entremêlent selon des dosages personnels.
Combien d'heures et d'années un pianiste éblouissant s'est-il exercé à se créer de nouveaux automatismes pour acquérir la vélocité et la justesse de son doigté ? Ses mains, ensuite, ont pu devenir le support de son expression et de son génie personnel.

USEZ DES POTENTIALITÉS DE VOTRE CERVEAU

LES papilles de Grégoire se dilatent, la salive surabonde : réaction automatique de son système nerveux, à la seule vue du pot de framboise, là-haut sur l'armoire.
Le regard mesure la distance qui le sépare de l'objet de sa convoitise... hum ! Il fait le tour de la cuisine, va de la table au tabouret.
Quel risque va-t-il se décider à courir, et qu'est-ce qui va l'emporter ? La peur de tomber, d'être attrapé par le fond de sa culotte ou goûter à la confiture ?
Grégoire vient de prendre sa décision : sur le conseil de ses pupilles dilatées de convoitise son cerveau, qui a enregistré cette décision ferme, devient le supporter inconditionnel de ce projet.
Alors, mouvements volontaires et automatiques vont se tisser entre eux. Les muscles actionnés par le système nerveux, lui-même commandé par le cerveau, règlent l'équilibre de l'enfant dont les mains spontanément

ouvertes et tendues serrent enfin le pot. Il ne s'est pas trompé ; et si ses yeux ne savent pas lire l'énoncé du contenu, ses doigts, sa langue et son palais goûtent au nectar bien mérité.

Cependant, descendre nécessite une nouvelle réévaluation des risques. Le cerveau, qui a pris le parti de Grégoire, aménage un atterrissage en douceur. Cette réussite n'est pas le fruit du hasard.

Il a fallu que l'enfant vive par avance les sensations et les émotions nées d'un désir réel, et qu'il ait «visualisé» les diverses étapes de l'expédition pour que le cerveau prenne en compte l'information.

Mais aussi Grégoire a la capacité d'évoluer, de développer ses capacités : à la condition que son cerveau revive des injonctions bénéfiques, répétées et personnalisées. Il a le pouvoir de se créer sans cesse de nouveaux réseaux de conscience et d'efficacité au moyen de ses neurones qui, par millions, étaient jusque-là inemployés.

Organisés alors en structures nouvelles, ceux-ci ont la capacité de réaliser chaque projet qu'on leur confie – dans la mesure où ils reçoivent les informations sensibles correspondantes.

N'ayez surtout pas peur d'abuser ! Jusqu'au seuil actuel de son évolution, l'être humain n'a guère dépassé le dixième de ses potentialités qui dorment dans le cerveau et dans le champ de la conscience, à l'expansion pourtant presque infinie.

Pour se développer et devenir actives, les facultés mentales, affectives et spirituelles ont besoin d'une bonne dose d'énergie nerveuse.

Par quelle méconnaissance des besoins organiques, aberration de comportements ou dépenses excessives vitales, en arrive-t-on à se croire bête, impuissant ou marqué par le sort ; alors que les potentialités, si on les met en œuvre, sont presque illimitées ?

Le souffle, pour vitaliser votre cerveau

C'est par la moelle épinière que se propage l'influx nerveux : ce grand câble de transmission qui relie la matière à l'esprit.

Mais c'est aussi de la fonction respiratoire que dépend l'équilibre nerveux et le fonctionnement optimum de l'organisme. Une ample inspiration vitalise le sang et par voie de conséquence tous les processus vitaux. L'expiration profonde, elle, offre au corps les services de son entreprise de nettoyage – en le débarrassant de ses poisons et scories : physiques et psychiques.

Un organisme surchargé de toxines bouche le passage à tous les flux de l'organisme. Les centres entravés ralentissent leurs activités. La vitalité, les désirs s'amenuisent.

• *La solution ? Expulsez l'air profondément vers l'espace inférieur, jusqu'à ce qu'une ample inspiration spontanée vienne, tout naturellement, emplir cette zone libérée... plusieurs fois.*

Souvent dans la journée, prenez le temps d'entrer en contact avec l'air.

Il vous rassemble autour de son va-et-vient : de la gorge au nombril, du nombril à la gorge... Ressentez en vous le calme d'une respiration qui se régularise et s'approfondit. A l'inspir, l'air nourrit les milliards de cellules du sang, régénère les neurones du cerveau, grands consommateurs d'oxygène stimule l'énergie. Le mouvement rythmé du souffle réveille et rend vibrantes vos antennes sensitives, vos capacités latentes. La confiance renaît.

Prévoir la mise en route de votre journée

Chaque matin dans votre lit, décidez de mobiliser et d'harmoniser les circuits de votre influx nerveux, porteur des énergies que vous mettez à votre service dans la journée.

Commencez par réchauffer en douceur muscles et nerfs endormis. Remuez les pieds, les jambes et les cuisses, avec précaution, pour sentir leur présence et stimuler leur adhésion à votre plan positif de mise en route.
Éliminez donc tout geste automatique. Étirez-les progressivement. Ainsi, le bas du corps s'allonge, s'élargit encore par le bout des pieds.
Sentez vivre le centre vital au milieu du ventre, où vous respirez. De là, imaginez que vous soufflez les miasmes de la nuit par le bout des pieds, et au-delà.
Ensuite les inspirations vont inviter chaque partie du corps à s'éveiller... Bougez légèrement les pieds et nommez-les : « mes pieds » – expirez.
Une nouvelle inspiration : « mes jambes ». Nommez ainsi cuisses, hanches, ventre, dos et poitrine, cou et nuque, bras et mains, tête. Vous êtes présent à ce nouveau jour.
Et maintenant, sortez du lit avec précaution : les pieds à plat et le corps replié sur lui-même.
Commencez par bien planter vos racines ; entrez dans les sensations des pieds sur lesquels pèse le poids du corps.
Les hanches en souplesse oscillent à gauche, à droite, devant et derrière : comme le tronc d'un jeune arbre balancé par le vent. Les genoux sont restés souples.
Dépliez-vous complètement, en imaginant que par le sommet du crâne vous cherchez à vous grandir, ce qui étire vers le haut toute la colonne vertébrale.
Comme les feuilles et les fleurs de l'arbre, vous vous tendez vers les forces fécondantes du soleil.
Les épaules relâchées se sont laissées glisser jusqu'aux doigts.
Votre respiration s'élève dans la gorge, gagne le cerveau.
Vous lui transmettez des pensées de paix, un désir dynamique d'accomplissement.
Ils accompagneront votre journée. Le cerveau en prend acte.

Dans les heures à venir, si vous vous sentez fatigué, découragé ou déprimé, ne faites pas porter le chapeau aux circonstances ou aux personnes.

Mais plutôt, guidez vous-même votre pensée et votre respiration dans tous les espaces de votre être, en commençant par le bas : le ventre et son feu vital.

SACHEZ RECONNAÎTRE VOS SYSTÈMES NERVEUX

POUR réaliser son objectif, Grégoire a mobilisé ses commandes nerveuses. A chaque instant, l'enfant a engagé des gestes conscients, mais leur exécution et leur précision le devaient aux ordres émanés du cerveau : sur son injonction.

Ce système nerveux donne aux muscles l'impulsion d'exécuter tous les mouvements que *nous* décidons ; il mobilise l'énergie nécessaire à l'élaboration de pensées que *nous* prenons à notre compte.

Il est appelé *volontaire*.

Mais un deuxième système nerveux, lui, n'obéit qu'aux ordres émanant des cerveaux archaïques : gardiens de l'équilibre optimal physiologique et mental.

On le nomme *autonome* ou *végétatif*.

Celui-là exerce deux fonctions fondamentales et antagonistes.

Grégoire avait décidé de gagner ; mais les enjeux étaient chers. Les efforts puissants qu'il devait faire pour atteindre son objectif, les émotions – voire l'angoisse à l'idée d'entendre des pas – accéléraient les battements de son cœur, provoquant un stress dans toutes les fonctions organiques.

C'est le *sympathique* qui, lui, présidait à cette mobilisation des tensions énergétiques.

Cependant, une surcharge de tensions, en quantité et en durée, devient dommageable pour la personne qui pousse exagérément son moteur.

Plus la machine « haut le pied » devait jadis parcourir de distance et plus vite arriver au but, plus elle consommait de charbon.

Le TGV, lui, comme Grégoire, dépense une énergie électrique proportionnelle aux performances à réaliser.
Si les tensions ne sont pas régulièrement déchargées, le sympathique prend un pouvoir discrétionnaire, détraque la machine interne et ses organes.
Il lui faut donc un pondérateur qui assure le fonctionnement inverse : le *parasympathique*.
Lui aussi innerve tous les organes : cœur, tube digestif, reins, glandes... mais si le sympathique accélère le mouvement, le parasympathique ralentit les débits, calme les ardeurs et dénoue les tensions : à la condition qu'on lui en octroie la place et le temps.
Dans un bon tempo, le système nerveux autonome (ou végétatif) fait alterner les temps forts du sympathique avec les temps faibles du parasympathique. Mais si le rythme est déréglé, surexcité en permanence ou atone, il ne peut plus garantir la qualité de ses prestations.
Jadis, ce réseau fut qualifié d'autonome par les biologistes, parce qu'ils le supposaient entièrement indépendant de la volonté humaine.
Les découvertes récentes sur les capacités du cerveau prouvent qu'il est possible d'agir sur lui.
Cependant ce n'est pas à coup de volonté qu'on l'influence. Seuls les messages sensibles et transmis par le corps peuvent lui parvenir.
Et si la relaxation apaise tension et stress, une activation énergétique, elle, vitalise l'organisme tout entier.
La respiration peut stimuler les neurones et rendre vibrants les centres nerveux inactifs... mais elle peut aussi apaiser les combats internes et harmoniser les protagonistes en présence.

Équilibrer le sympathique et le parasympathique

Debout :
Les pieds sont légèrement écartés, bien plantés au sol.
Les genoux détendus permettent au bassin de tourner légèrement autour des fémurs.
Ils vous assurent ainsi un équilibre en souplesse.

La colonne vertébrale, vertèbre après vertèbre, se redresse, stable sur le bassin, et les épaules peuvent maintenant et en toute sécurité relâcher leurs tensions.
L'édifice tout entier repose sur des assises sûres... sentez le corps se déployer librement dans l'espace qu'il occupe.
Et maintenant, amenez l'air sous les mains que vous avez posées sur le ventre.
Le souffle commence à les bercer, à vous bercer. Vous devenez ensemble plus amples et plus profonds.
• *Puis sur une ou plusieurs inspirations, montez les bras détendus à l'horizontale.*
Ils s'arrondissent et se rejoignent par les mains au-dessus de la tête.
Appréciez cet espace large et paisible que vous êtes en train de tracer au-dessus de vous.
Il appartient à votre territoire.
• *Imaginez en même temps un ciel bleu, au-dessus de votre tête. Vous baignez dans sa lumière tamisée.*
Baissez les bras en expirant ; et à plusieurs reprises, élevez les bras (réels) dans la lumière ensoleillée qui vous enveloppe (imaginaire)...
Ainsi, donnez à vous et à votre parasympathique ces messages qui rééquilibrent, en les apaisant, toutes les fonctions de votre organisme.
• *Puis décidez maintenant de mobiliser à votre service une énergie vive et positive.*
Alors, reprenez contact avec vos pieds, vos genoux et toute la colonne vertébrale.
Ils assurent à nouveau équilibre et sécurité.
Ramenez les paumes des mains devant le visage, bras repliés sans qu'ils touchent le corps.
Inspirez, puis expirez puissamment par la bouche entrouverte.
Au même instant, vous lâchez d'un seul coup les mains vers le sol.
Laissez-les pendre, se balancer mollement : sans que les pieds se soulèvent du sol.
La bouche entrouverte, laissez échapper un son qui pourrait bien avoir la grâce d'un pneu en train de se dégonfler.
Recommencez plusieurs fois.

Le sympathique a pris le relais, et mobilisé tonus et énergie vitale.

Ou encore :
Bien stable au sol, pieds légèrement écartés, installez la respiration dans le ventre.
Puis étendez les deux bras parallèles devant vous.
Il s'agit, cette fois, de faire lâcher prise aux tensions, aux environnements nocifs, et le faire exactement au moment où vous le décidez.
Bien arrimé aux pieds, aux genoux et au bassin restés souples, vous pouvez en toute sécurité y aller.
Inspirez en tendant progressivement les bras et les poings, crispez les épaules, le dos, les mâchoires.
Mais à l'instant même où vous criez « Go », à l'instant même expirez et lâchez le haut du corps…
Relaxez les épaules, étirez le dos dans tous les sens.
Soufflez… et recommencez.

A la fin, vous avez récupéré une énergie à toute épreuve, et pourtant agréablement détendue.

NOUS VIBRONS SUR CERTAINES FRÉQUENCES

COMPOSÉ d'*atomes* associés en molécules, puis en cellules, notre corps physique se voit, se touche et bouge dans l'espace qu'il occupe.
Cependant, une part importante de l'organisme échappe à la vue. En effet, autour du noyau de chaque atome, fait de matière, circulent d'infimes particules d'énergie : les *électrons*.
Ces milliards d'atomes nous transforment en un tourbillon lumineux. Ainsi sommes-nous entièrement constitués de matière et d'énergie entremêlées.

Cette trame d'énergie lumineuse constitue très probablement la force vitale qui anime le corps, l'être tout entier.
Ces atomes, connectés par des liens invisibles, interagissent en une unique réalité. Si la matière paraît dense et les objets observés compacts, ils sont en réalité piquetés d'innombrables trous. Composés d'énergie, ils sont invisibles pour nos propres yeux de chair.
Ainsi les réseaux d'influx nerveux sur lesquels circulent les neurones au travers du corps physique sont-ils doublés par d'autres circuits constitués de ces ondes électriques ou énergétiques. Elles nous arrivent du soleil et des rayons cosmiques, sur une qualité d'air subtil impondérable qui circule librement au-dessus de l'atmosphère terrestre.
Nous l'absorbons notamment par la respiration, la peau, la nourriture naturelle.
Les anciens appelaient éther ce fluide et les Orientaux, Prana... Pour eux, déjà, il était à l'origine du processus qu'est la vie.
Les acupuncteurs connaissent bien la subtilité de cette énergie, et ils en équilibrent la circulation. Elle fut rendue visible pour la première fois par des savants russes, et au moyen de procédés photographiques révolutionnaires. Chacun aujourd'hui peut constater cette luminosité émanant de tout corps physique : y compris celle d'une feuille d'arbre.
Plus cette énergie pénètre la matière dense, plus la vitalité se développe et s'entretient.
Comme nous en sommes les accumulateurs et les catalyseurs, il nous appartient d'en augmenter la quantité et la qualité.
Et c'est une fois encore à la respiration que nous faisons appel. En effet, elle est le véhicule privilégié qui peut traverser les écrans toxiques des villes et des lieux empoisonnés pour se conjoindre à ces particules qui circulent dans une atmosphère légère et pure.
Mais c'est la qualité d'une pensée positive et harmonieuse qui conduit le souffle jusque-là.
Elle-même est constituée de particules impalpables et d'ondes d'énergie, rapides comme la lumière.

Il nous appartient donc de la nourrir avec des désirs et des sentiments élevés.
Habiter cette pensée, s'expanser avec le souffle ; épanouir l'inspir dans la gorge et le haut des poumons ; capter ces particules d'énergie subtile, et, dans l'expir, les dispenser aux sens, à tout le corps – mais aussi à l'esprit : lui qui, comme la pensée, échappe à la matière.
Ainsi l'énergie solaire, cosmique, s'allie-t-elle à celle de la terre pour nous façonner à la fois mortel et immortel.
Tout préexiste à notre aspiration, aussi vaste soit-elle, et n'attend que d'être mis en votre lumière.
Continuez à ancrer dans le cerveau les attitudes qui créent en vous stabilité et sécurité, mais surtout manifestez-les dans le corps.

• *Les pieds bien plantés au sol forment prise de terre. Les genoux souples, le bassin légèrement balancé, vous éprouvez le magnétisme sécurisant de l'attraction terrestre.*
Les mains sur le ventre accompagnent le va-et-vient de l'air qui commence à emplir l'espace intérieur de force tranquille.
Actionnez doucement les mâchoires pour les décrisper. Relâchez lèvres et dents.
• *Accompagnez votre pensée vers un lieu de la nature paisible et harmonieux. Elle en est à son printemps.*
Ramenez l'attention à vos narines dans lesquelles circule peu à peu la qualité d'un air capté dans cette atmosphère fraîche et lumineuse.
Alors, élevant vos mains mises en coupe, accueillez la douce chaleur des rayons de soleil... conduits par votre propre souffle.
Vous captez les qualités émanées des sphères élevées dans lesquelles vous respirez.

Ces tourbillons lumineux par milliards de milliards vibrent au-dessus de l'atmosphère.
Ils sont les dispensateurs de notre vie la plus subtile, et nous parviennent surtout par un passage privilégié – bien entendu invisible, et qui a son origine dans les narines.
Chacune d'entre elles exerce une fonction particulière.

L'une établit une relation avec ce qui en nous est vif, dynamique et créateur. L'autre amène davantage pondération, calme, intériorité : et le tout, dans le temps que dure une respiration.
Aussi est-il important de dégager les deux narines pour que ces énergies y circulent librement.
Ensuite de quoi les conduits se rejoignent et, par la moelle épinière, le souffle se répand dans tous les circuits qui leur sont propres.

LAISSER LES ÉNERGIES CIRCULER LIBREMENT

Inspirez par les deux narines, tranquillement.
Puis avec le pouce, fermez doucement et fermement la narine droite, pendant que vous expirez par la narine gauche.
Ensuite narine droite toujours fermée, inspirez par la gauche, c'est-à-dire celle par laquelle vous venez d'expirer.
Puis c'est la narine gauche que vous obturez, en même temps que vous expirez par la narine droite... par laquelle vous inspirez ensuite.
Expir à gauche et inspir à gauche, narine droite fermée : puis expir à droite et inspir à droite, narine gauche fermée.
Vous équilibrez ainsi en vous le flux énergétique dans son double mouvement d'expansion solaire et d'intériorité lunaire.

Votre attention ne décroche pas de cette respiration rythmée par le passage de l'air, au bout des narines et des doigts.
Perdre le fil prouverait à vous-même que le mental vagabonde.
Si l'air passe difficilement et vous étouffe, arrêtez et respirez amplement par les deux narines, tout en secouant vos mains pour les détendre : il ne s'agit pas de confondre attention concentrée et tension ; vous couperiez l'arrivée des messagers de l'éther.

Recommencez ce calme balancement qui équilibre déjà en vous les énergies cosmiques. Vous êtes à la fois détendu et vitalisé.

Et pour finir, lâchez les mains et sentez l'air aller, venir librement du ventre au sommet de la poitrine.
Respirez en pensée sur une plage où vous courez dans la mousse légère d'une mer étale ou bien, étendu au sommet d'une colline ensoleillée... pieds nus dans la rosée d'un jardin...
Et même seriez-vous enfermé dans une cellule ou dans un lieu de détresse, les particules qui forment votre pensée traversent les murs et défient l'espace clos.
Ainsi pouvez-vous capter la qualité d'énergie dont vous avez besoin pour réaliser votre liberté ; le souffle vous y conduit.

CAPTEZ LES INFORMATIONS SUBTILES

En même temps que nous respirons consciemment, nous pouvons entrer en résonance avec les longueurs d'ondes sur lesquelles nous nous branchons.
Le champ électromagnétique des ondes radio vibre sur différentes fréquences. Elles seraient inaudibles pour l'oreille humaine s'il n'existait des stations sur lesquelles se brancher pour un programme donné.
Ainsi en est-il des fréquences qui sillonnent le corps humain, la pensée et l'esprit. Mais ces deux derniers échappent à la matière : le cerveau qui en décrypte et gère les intentions n'est pas à leur origine.
Pour capter les informations subtiles que nous voulons nous approprier, il faut régler nos modulations sur les relais correspondants.

LES SEPT CHAKRAS

Les stations principales sont au nombre de sept. Cinq résident dans la colonne vertébrale : de la base à son sommet, et deux dans la tête.
C'est là que se conjoignent le corps physique et le corps

d'énergie subtile. C'est autour de la matière que tourbillonnent les particules immatérielles.

Souvent on les nomme *chakras*, mot sanscrit qui signifie bien évidemment : roue, tourbillon.

Ainsi, nos corps, qui expriment en même temps la substance et l'esprit, reflètent l'équilibre ou le désordre de ces correspondances.

Les médecines chinoise, tibétaine, indienne, égyptienne... connaissent leur existence depuis des millénaires.

D'innombrables dessins, peintures et gravures en témoignent.

Aujourd'hui encore, mesurant l'équilibre d'énergies au moyen d'une prise de pouls subtil, ils rétablissent l'harmonie entre les accus trop chargés et ceux qui sont à plat.

Cristaux, plantes et animaux sont naturellement dotés de cette force cosmique. Mais seul l'être humain peut éveiller sa conscience : à la condition qu'il l'incarne en mobilisant la qualité de sa pensée et de son souffle dans chacune de ces sept stations, dites aussi centres vitaux ou chakras.

Nourris de ces traditions en même temps que de connaissances scientifiques, Carl G. Jung affirmait que « ces roues, ces chakras sont les voies d'accès où la conscience s'éveille chez l'homme ». Ainsi nous avons la faculté et le pouvoir, si nous les développons, de créer en nous une identité unifiée à laquelle se réfèrent toutes les expériences de la vie.

Chaque chakra ou centre vital habite dans la proximité d'une glande endocrine qui lui correspond : organe physique certes, mais support d'énergie subtile qui, pour se manifester, a besoin de points d'impact dans le corps.

Par la qualité des pensées et du souffle, nous pouvons apprendre à pacifier ou à recharger l'organisme physique et psychique, mais aussi par voie de conséquence, équilibrer les organes internes.

C'est le souffle conscient qui établit ainsi le lien entre le fini et l'infini.

L'unification entre la vie matérielle et spirituelle remplace les fractures et les fragmentations.

Les chakras inférieurs sont en relation directe avec la terre. Comme les racines nourrissent l'arbre et lui permettent de

Renouvelez souvent cette pratique, jusqu'à ce que le cerveau ancre ces nouvelles informations sensibles : partager avec vous-même et les autres des relations paisibles et positives. Vous y avez toute votre place.
L'air puisé dans la subtilité de l'éther, du prana, vous remplit peu à peu de sa plénitude.
Et dans ces instants, vous le sentez.

Mais quelles blessures demandent encore à être guéries ? Pendant que la respiration se déroule en automatique, demandez-vous de quels comportements anciens et douloureux vous aimeriez vous débarrasser. Êtes-vous prêt à le faire ?

Alors, posez vos mains à plat sur vos genoux, paumes tournées vers le haut.
Revoyez ces pensées, ces sentiments qui rendent pesante votre existence, ou l'empoisonnent. Et déposez symboliquement ces émotions au creux des mains ; serrez ensuite fortement les doigts (dans la réalité), enfermés dans les paumes. Ce que vous y avez déposé ne peut plus s'échapper.
Et maintenant inspirez au creux du plexus solaire. Retenez l'air une ou deux secondes : doigts bien serrés. Ensuite, soufflez très fort par la bouche : en même temps ouvrez très largement les mains, doigts dirigés vers le bas. Lâchez ce qui, à cet instant, est devenu un passé qui ne vous concerne plus.
Recommencez plusieurs fois pour bien informer le cerveau de ce changement de programme, par les mouvements du corps et les sensations éprouvées.
Une dernière fois, enfermez dans les mains les manifestations relationnelles insatisfaisantes. Puis expirez bras et mains de plus en plus écartés du corps, pour chasser loin de vous l'indésirable.
Ensuite, sur d'amples respirations tranquilles et mains sur les côtes, laissez cette fois s'emplir l'espace médian. Accueillez au centre de ce troisième niveau une relation à vous-même joyeuse et chaleureuse.
Enfin, sensibilisez les ailes du nez et inspirez dans les deux narines un air frais, léger et vitalisant.

Il parcourt l'arrière-bouche, la gorge et coule dans le corps. Imaginez que vous inspirez dans la lumière du soleil et que vous expirez dans le plexus solaire qui s'ouvre comme pétales de fleurs au printemps : souffle nourri aux énergies subtiles, dont les particules captées par la pensée et le souffle viennent illuminer le centre du troisième chakra.

QUATRIÈME CHAKRA

Le centre cardiaque est situé dans la partie supérieure de la cage thoracique. En lui cohabitent trois vertus.
Le *cœur* : organe physique qui assure la circulation du sang et gère pour l'individu la pérennité de sa vie.
Le *thymus*, glande endocrine, qui agit sur la croissance, mais aussi exerce son influence sur le psychisme.
Enfin, comme roue d'énergie : l'union par l'*amour*. Son rayonnement peut éveiller, à l'être qui en a le désir, sa véritable capacité à aimer, au-delà des possessions et de l'ego.
Mais aussi par son double mouvement : *systole* et contraction, *diastole* et dilatation, le cœur s'ouvre naturellement au monde, et se replie en son intimité.
Cependant le champ affectif est loin d'être toujours celui de l'amour… « faire battre les cœurs et coups de cœur »… « loin des yeux, loin du cœur », et « cœur d'artichaut »… mais aussi « un cœur lourd, brisé », « ce qui reste sur le cœur » ou « le cœur sur la main », « un cœur d'or »…
Pour ce quatrième chakra, il faut faire retour au cœur, « tant que mon cœur battra, je vivrai ».
Selon son choix, chacun se situe plutôt dans l'espace du bas, ou dans celui du milieu, depuis l'amour pulsionnel, les désirs égocentriques souverains, jusqu'au cœur où rayonne une chaleur naturelle ou spirituelle.

• Les énergies subtiles devront toujours s'appuyer sur les structures denses : réservoir des forces terrestres.
Bien au contact de vos pieds en appui au sol, inspirez en

descendant l'air vers le bas du corps. Vous y puisez le dynamisme de la terre et son magnétisme.
Expirez en remontant depuis le premier chakra, puis le deuxième, le troisième et jusqu'en haut des poumons où vous finissez de souffler vers le ciel; plusieurs fois.
Laissez l'air circuler librement pendant quelques secondes – sans quitter votre concentration.
Et maintenant inversez: inspirez dans le haut des poumons, puis à l'expiration ramenez le rayonnement du ciel jusqu'au fond du bassin.
Inspirez à nouveau et cette fois expirez dans le cœur – où vous inspirez, expirez – jusqu'à ce que l'agitation du corps et des émotions s'apaise.
Ce qui était dispersé se rassemble dans le souffle.
Respirez dans la fluidité d'une source fraîche, rythmée par le passage de l'eau sur des cailloux clairs.
Pensez à une personne que vous aimez, tandis que la respiration s'harmonise avec les battements du cœur... avec les battements de son cœur.
Sentez la tendresse et la douceur fusionner avec sa propre capacité de tendresse et de douceur... elle la possède, ou vous la lui infusez.

- *Imaginez maintenant que vos pieds nus enfoncent légèrement dans la terre, le sable ou l'herbe fraîche; c'est une sensation très agréable. L'expiration donne du poids, de la densité à tout l'espace inférieur. Remontez maintenant ces forces terrestres avec l'inspir, jusque dans l'espace des poumons. Poussez jusqu'au sommet de la tête étirée vers le soleil, dont le symbolisme rayonnant est comparé au cœur.*

Et maintenant tendu entre ciel et terre, posez vos mains sur le haut des poumons. Ensuite les bras étendus à l'horizontale, envoyez le souffle jusqu'au bout des doigts. Puis en inspirant, ramenez l'air jusqu'au cœur... plusieurs fois. Le centre dans lequel vous respirez est à la jonction des quatre horizons de votre territoire personnel: haut, bas, gauche, droite.
A nouveau, imaginez... dans le cœur a poussé une rose dont les pétales entrouverts sont d'un jaune doré.
Le vôtre s'émerveille de la beauté délicate; sa perfection odorante vous met en joie.

Vous la pénétrez de votre souffle jusqu'à ce qu'elle soit entièrement épanouie.

Nos véhicules terrestres sont destinés à défaire les formes empruntées. Ces quatre premières roues animent le temps aux limites comptées que nous passons sur cette terre.
Les trois roues supérieures, si nous les éveillons, appartiennent au monde intérieur : à celui de l'esprit.
Comme elles, nous appartenons à cet univers immortel – si nous éveillons en nous les prémices de cette harmonie « céleste ».

CINQUIÈME CHAKRA

Le point de concentration de cette roue d'énergie se situe au niveau de la gorge : dans la partie antérieure et inférieure du cou, là où se trouve la glande *thyroïde*.
Elle exerce notamment son action sur la croissance et sur la régulation des fonctions propres au sympathique et au parasympathique. C'est aussi dans cet espace que l'air, au contact des cordes vocales, les fait vibrer en sonorités sauvages ou apprivoisées.
Par le langage, ce chakra opère la jonction de ses énergies entre le corps et la tête, entre la pensée et le ressenti.
L'organe physique : gorge, la glande thyroïde et l'énergie subtile se conjoignent là pour faire circuler nourritures terrestres et solaires, au travers du canal de circulation qu'est le cou.
Si nous sommes prêts à franchir les limites de l'ego – tout en conservant nos assises comme point d'appui stable et pondérant –, nous pouvons continuer à nous élever sur cette échelle à sept degrés. Elle monte au travers de la colonne vertébrale.
Cependant, il faut commencer par s'assurer que le passage de la gorge est libre. Certains sentiments de chagrin, de peur ou de colère n'ont peut-être pas osé s'exprimer. Il se

pourrait que cette mémoire des émotions réprimées entrave encore la parole ou la respiration spontanées.

• Commencez par crisper et détendre les mâchoires par des grimaces clownesques ; faites jouer les centaines de petits muscles qui entourent la bouche ; puis ouvrez, en écartant l'une de l'autre les lèvres, autant que vous le pouvez... pour les sensibiliser.
Puis amenez le bout des doigts au milieu de la gorge, jusqu'à ce qu'ils se touchent.
Sentez si l'air circule librement, ou si le passage rétréci empêche son déploiement.
Ensuite, glissez les doigts à gauche et à droite, vers l'extérieur, pour masser très légèrement le cou et la gorge.
Tournez d'abord dans le sens contraire des aiguilles d'une montre, pour dégager ; ensuite à droite pour énergétiser.
Recommencez autant de fois que vous y trouvez du plaisir ; c'est une attention positive que vous vous donnez... puis au travers des cordes vocales, expirez un air doux comme le miel : à plusieurs reprises et très doucement.
• Et maintenant inspirez bouche ouverte.
Par la pensée dirigez cette petite bulle d'air vers la tête pour que s'y inscrive un mot heureux : celui qui vous vient sans que vous l'ayez cherché.
Sur l'expir, laissez-le sortir. Écoutez le son de votre voix... de plus en plus présent à vous-même, continuez à le prononcer ; et sentez dans la gorge le mouvement vibratoire des sons, libres de circuler à leur guise.
Pensez à un mot, une phrase que vous auriez aimé dire à quelqu'un... Vous y êtes ? Imaginez alors cette personne proche de vous... laissez moduler dans la gorge et dans la richesse de ses tonalités les paroles chaleureuses qui jusqu'ici n'avaient pas franchi la porte de vos lèvres.
Commencez par respirer plusieurs fois entre poumons et gorge.
Ouvrez cet espace et, bien ancré dans vos points d'appui, faites vibrer votre voix sur des expirations : grave, aiguë, roucoulante ou pétaradante... appréciez ce qui émane de vous et ose de mieux en mieux se manifester.
Reliez maintenant les sons au mot, à la phrase messagère.

Articulez... augmentez le volume... variez les modulations de la voix qui transporte vos sentiments vers la personne concernée.
Écoutez le timbre de votre voix que l'air soutient et porte, pendant que vous fredonnez ou chantez un air connu ou ce qui vous passe par la tête.
Habitez la gorge et accompagnez ses mouvements sans intervenir par la volonté.
Chantez des gestes et des pas qui intensifieraient l'expression du corps et des émotions.
Créez et récitez tout haut de la poésie. Déclamez... et surtout sur des expirations de plus en plus pleines et confiantes, laissez-vous exprimer ce qui se dit et se vit en vous.

Alors gêne et pression disparaissent au niveau de la gorge. La qualité sonore et la force de votre présence se développent. Corps et voix exercent ainsi une action sensible sur la personnalité tout entière.
La qualité des paroles et des sentiments portés par le souffle, si vous les choisissez ainsi, gagnent à leur tour les hauteurs de l'esprit.
Prononcées à haute voix ou silencieusement articulées, les voyelles de l'alphabet remplissent de vibrations les divers espaces respiratoires.
Les zones jusque-là endormies offrent de nouvelles ressources intimes à la personne qui les explore.

SOUFFLEZ LES VOYELLES

• *Rapprochez les mains de la bouche, jusqu'à ce que vous sentiez votre haleine au creux des paumes.*
Cette rencontre vous relie à la fois au monde intérieur et à sa manifestation extérieure.
Et maintenant,
• *Soufflez un I dans vos mains. L'air fait alors vibrer le cou et la tête, varier l'intensité du son.*
• *Le A que vous prononcez ensuite, mâchoires ouvertes au maximum du possible, fait vibrer l'espace intérieur. Prenez appui avec la respiration, dans le ventre.*

Concentrez-vous sur ce centre vital dans lequel les A graves et répétés se fondent en équilibre et sécurité.

- *Transformez le A en OU, sa vibration portée par l'air à l'expir pénètre plus profondément encore, jusqu'au fond du bassin.*

Éprouvez longuement d'être un socle solide et sûr.

- *Le E, lui, va s'exprimer dans l'espace médian.*

Les mains posées sur les côtes accentuent latéralement la dilatation à l'inspir, la rétraction à l'expir.

Le E, fluide et léger, vous ouvre à la communication confiante puisqu'elle repose sur les bases d'un équilibre stable.

- *Essayez le O. Il vibre dans un espace clos : comme sa forme, comme la rondeur de la bouche qui le prononce. Il peut influencer les sentiments et le cœur, selon la pensée et le souffle.*
- *Revenons au I, qui concerne particulièrement ce cinquième centre vital. Soufflez-le plusieurs fois. Alors, la gorge qui s'est dégagée libère les tensions du cerveau : sensibilise et équilibre ses antennes nerveuses.*
- *Dégagez encore mâchoires et bouche – que vous écartez lentement dans toutes les directions.*

Puis, en muet, soufflez A, OU, E, O, I, en continu et sur une seule expiration… plusieurs fois.

Alors, comme on monte la gamme, après avoir profondément inspiré, mais sans tension, expirez depuis le A au bas de la colonne vertébrale, jusqu'au I dans la gorge : conscient de l'espace sonore qu'occupe chaque voyelle – et sensible particulièrement aux effets produits dans la gorge.

- *Et pour finir, imaginez que vous aspirez, bouche ouverte, les particules qui vous parviennent portées par un rayon de soleil.*

A l'instant même où vous vous conjoignez à cette vie subtile, s'associent à vous les richesses du corps et de l'esprit – propres à ce cinquième chakra.

Sixième chakra

Les cinq premières roues tourbillonnaient dans la colonne vertébrale. Les deux dernières dans la tête.

Le sixième chakra, en relation de proximité avec le cerveau, occupe le centre frontal, entre les sourcils. Il œuvre en duplex avec l'*hypophyse* : organe neuro-glandulaire... communément appelé « la mère » de toutes les glandes, et leur « chef d'orchestre ».

L'hypophyse, en effet, les relie en un fonctionnement d'ensemble cohérent, les équilibre au niveau de la personnalité tout entière à quoi s'ajoutent ses vertus propres : une action sur le dynamisme et l'accès potentiel à un optimisme opérationnel.

Quant à l'énergie émise par cette roue d'énergie, proche du sommet, elle nous relie de façon toujours plus intime aux effets des particules émises par le soleil. Dès le premier chakra et, par la qualité de la pensée et du souffle, nous pouvions contacter sa puissance réparatrice et créatrice organique.

Maintenant, et si nous nous y conjoignons, va s'éveiller la lumière intérieure.

Les rayons du soleil constitués de *photons*, ondes électromagnétiques dénuées de toute masse, vibrent dans cette sixième zone en intensité variable.

Avec ce sixième centre nous pouvons émerger du monde visible et de sa densité, vers un espace aux limites établies par notre regard et notre réalité intérieure. Et comment pourrions-nous craindre d'y perdre notre identité terrienne puisque nous accédons à cette dimension, après nous être enracinés dans le ventre, puis nous être éprouvés dans le « moi ».

Ainsi ces forces naissent-elles de la rencontre entre les énergies de l'univers et celles de notre propre organisme.

Les couches profondes et voilées de notre esprit peuvent enfin émerger à la lumière. La pensée quitte alors l'horizontalité tangible truffée de ses joies, de ses conflits et de ses nostalgies.

Ainsi peuvent-elles, portées par le souffle, s'associer à l'extrême verticalité – dans l'unification ascensionnelle de l'être.

Ce chakra exerce son influence sur ses voisins, les deux

hémisphères cérébraux – dans l'intention d'ouvrir le chemin d'une authentique communication entre eux.
Trop souvent le cerveau séparatiste privilégie l'intelligence du mental, ses capacités d'analyse et sa rationalité : fruits d'un des hémisphères. L'autre, qui ne brille pas au feu des diplômes, ne recourt pas au savoir acquis. Il est en prise instantanée avec la compréhension directe et globalisante de l'intuition, de la créativité. Son radar, s'il est branché sur la longueur d'onde émise au centre frontal, peut alors acquérir les qualités éclairantes du soleil et de son rayonnement.
Les deux hémisphères, au lieu de vivre parfois de graves dissociations – dues en général aux conditionnements sociaux et culturels –, devraient goûter les fruits d'une réunion harmonieuse. Ensemble, ils s'apportent assistance et ressources complémentaires.
L'un ouvre les portes, hume l'air et sait où le mène le chemin encore invisible à l'autre, qui, lui, s'assure que toutes les conditions sont remplies pour réussir l'aventure. Ces rencontres elles-mêmes sont alors programmées.
Il est tout naturel que ce sixième degré dévoile le véritable discernement et, pourquoi pas, une clairvoyance.

• *Posez le bout des doigts de chaque main au milieu du front, entre les sourcils, et au-dessus de la racine du nez.*
Ensuite la main droite glisse peau et muscles vers la droite, et la gauche glisse vers la gauche.
Arrêtez le mouvement quand vous parvenez à l'extrémité et au-dessus des paupières.
Étirez alors fermement le front, jusqu'à ce qu'il devienne entièrement lisse… éprouvez combien le mouvement respiratoire devient vigoureux.
Au centre de l'étirement, localisez, sentez un point de tension, dans lequel vous respirez consciemment : pour vous y sensibiliser.
Conjoignez ainsi la qualité de votre présence et de votre souffle au chakra, qui, dans ce point de concentration s'ouvre, et communique alors son énergie à la matière.
Vous éprouvez le bien-être d'une clarté tranquille dans le cerveau ;

une fraîcheur au niveau des yeux; une unité sensible de tout le visage...

**Le taux vibratoire de ce sixième centre énergétique a donc la capacité de relier l'infini de l'esprit au fini corporel.
S'il en est ainsi, la plus haute lumière s'enracine dans le ventre, éclaire et mûrit l'ego.
Tout circule et s'interpénètre: corps et psychisme nourris d'esprit.**

---

*Prenez conscience de l'air qui, à l'inspir, franchit les narines.
Il s'élève jusqu'au sommet des poumons... s'élève encore vers de nouveaux espaces.
Et maintenant laissez-le se répandre en vous, et semer ses millions de particules lumineuses sur tout son trajet – jusqu'au fond du bassin.
Attendez, pour inspirer à nouveau, que l'air en manifeste le désir.
En s'écoulant à nouveau l'air brasse l'être tout entier dans un tourbillon de lumière.*

- *Choisissez une fleur fraîche pour son parfum auquel vous êtes sensible. Prenez-la entre vos mains et amenez-la à hauteur des narines.*

*Levez légèrement les yeux fermés vers le centre frontal, entre les sourcils.
Et tout en inspirant dans la fleur, laissez monter les émanations subtiles de sa saveur odorante: jusqu'au point de concentration vers lequel votre regard s'est dirigé.
Laissez-les se répandre dans tout le front, la tête.
De plus en plus attentif au souffle embaumé qui les dégage et les purifie.
Si les yeux éprouvent la moindre fatigue ou tension, recommencez l'expérience sans les bouger; ou bien, appuyé à une table ou sur vos cuisses, donnez à vos mains la forme de coquilles; et posez-les sur vos yeux, jusqu'à ce que vous ressentiez le mouvement respiratoire paisible, s'écoulant dans un calme heureux. Tension et fatigue se sont évanouies.*

SEPTIÈME CHAKRA

IL est le siège de l'accomplissement humain. L'ultime degré dans lequel l'être peut accéder, sur terre, à ses fabuleuses capacités d'évolution.

Son nom : la Couronne et, parfois, la Porte du ciel.

Les Grecs et nombre de traditions antiques le prenaient pour le siège de l'âme.

C'est dans le haut de la tête qu'il réside, au voisinage de l'*épiphyse*.

Cette glande, de la grosseur d'un petit pois, exerce son immense pouvoir sur la pensée dont elle développe l'intuition spirituelle. Mais aussi, elle a la capacité de rassembler et coordonner tous les éléments de la personnalité pour l'ouvrir à d'autres niveaux de conscience.

Le septième chakra donne un sentiment d'union à celui qui se conjoint à ses énergies ; les plus subtiles auxquelles l'être humain puisse accéder. Il est alors possible de ressentir chaque aspect de l'univers, chaque vie, comme relié à un TOUT.

A ce niveau, tantôt il est possible de percevoir le monde et sa matérialité par les organes des sens, tantôt s'étant branché sur le niveau de conscience propre à ce centre vital, ces limites sont transcendées sans jamais quitter la présence au corps et au souffle.

Alors naît l'expérience d'une présence, d'un Esprit immortel peut-être : dont nous serions issus.

Il suffit parfois d'un éclair, d'un élan d'amour désintéressé, pour que s'ouvrent les ressources presque infinies liées à cette qualité d'énergie. Au-delà de la multiplicité des événements et des sentiments apparaît l'unité, reliée à l'essence de chaque être humain.

Ainsi chacun peut-il apprendre à circuler entre ses manifestations les plus matérielles et l'élévation de son esprit : sachant que l'harmonie et le UN se situent vers les hauteurs.

« Tout ce qui monte converge », dit P. Teilhard de Chardin. Peut-être n'y avons-nous pas eu accès, mais le cherchions-

nous ? Et pourtant seule l'inaltérable richesse de l'esprit peut nous établir dans un bonheur intérieur qui ne connaît pas la mort.

• Commencez par caresser votre tête, l'effleurant des deux mains, depuis la racine des cheveux jusqu'à la nuque.
Posez délicatement les doigts de la main droite au milieu du front ; et concentrez votre respiration sur ce centre du sixième chakra.
En même temps posez les doigts de la main gauche au sommet de la tête.
Vous associez au geste et à la respiration une présence harmonieuse à vous-même.
Stimulé par le contact de la main sur le front, le souffle et l'état intérieur, ce « chef d'orchestre » éveille la puissance du septième chakra peut-être jusque-là resté silencieux.
Alors pour localiser et sensibiliser cette septième roue, ramenez maintenant attention et souffle au sommet du crâne, sous les doigts de la main gauche. C'est la tête qui comporte le plus grand nombre de points d'énergie.
Imaginez alors que ses antennes, branchées sur les particules les plus subtiles de l'air et portées par la respiration, se dirigent au-delà de la tête vers le rayonnement du soleil.
Émotions et pensées s'unifient autour de cet aimant de lumière et de chaleur.
Il vous unifie.

LE SOUFFLE AU SOMMET : SÉRÉNITÉ

L'EXPÉRIENCE suivante se pratique debout :

• Bien stable sur vos pieds qui assurent l'indispensable prise de terre, genoux souples : prenez conscience de votre corps légèrement balancé, dans l'espace qu'il occupe.
Paumes ouvertes et sur l'expir, descendez vos mains en direction du sol.

Respirez plusieurs fois dans le fond du bassin, et imaginez que vous captez les forces telluriques, au creux des mains.
• *Puis élevez l'inspir jusqu'à l'espace médian tandis que vos mains montent parallèles devant vous et jusqu'à l'horizontale : paumes toujours tournées vers le bas.*
Quelques respirations pour nourrir votre «moi» de forces positives, mais c'est vers le haut que vous expirez... et vous grandissez.
On dirait que pour vous grandir encore, les épaules et tout le haut du corps se haussent vers le ciel (en imaginaire cette fois, repoussez le ciel avec la tête !). Vos mains s'arrondissent au-dessus de vous : et cette fois, paumes dirigées vers le haut, sans que les pieds quittent le sol.
• *Et maintenant les mains ouvertes en coupe, imaginez que vous accueillez une boule de lumière transparente et dorée, émanée d'un rayon du soleil.*
Expirez en ramenant les mains sur le haut de la poitrine : au centre cardiaque où pénètre la boule.
• *Ensuite expirez en repoussant les mains devant vous.*
Inspirez en les ramenant sur le cœur. Puis expirez en étendant les mains en croix sur les côtés.
Ramenez-les une dernière fois au cœur.
A la fin, expirez en repoussant les mains vers la terre.

Vous avez ainsi, autour de vous qui en êtes le centre, capté les énergies dans toutes les directions de l'espace.

Conduisez enfin le souffle comme une flamme sacrée jusqu'au sommet de la tête.
Conjoignez-la à celle de ce septième centre vital. «Principe totalisant de l'énergie humaine» (P. Teilhard de Chardin).
• *Pensez au mot sérénité.*
Amenez votre souffle dans le haut de la poitrine... et laissez-vous le temps d'éprouver ce qui en cet instant émane de votre cœur.
Imaginez alors une situation dans laquelle vous pourriez laisser vivre ce sentiment entièrement gratuit.
Il ne s'agit pas de l'évoquer dans le mental, mais d'en ressentir les effets dans tous les espaces du corps, de l'esprit.

Laissez en même temps aller, venir la respiration – aussi paisible qu'un lac de montagne.
Puis sur chaque expiration, tout haut ou intérieurement, prononcez SÉ-RÉ-NI-TÉ... *ou tout autre mot qui, pour vous, évoque cet état de paix intérieure.*
Enfin, sans bouger un seul muscle de votre visage, exprimez cette atmosphère d'amour authentique dans un sourire intérieur.

CHAPITRE

4

Stratégies et pouvoirs de la pensée

QUELQU'UN a-t-il déjà vu la pensée ? Invisible aux yeux et aux sens, elle réside pourtant bien quelque part ! Mais aussi qui est-elle derrière tous les déguisements qu'elle emprunte pour s'exprimer ?

Fruit d'un mariage entre l'esprit et le cerveau la pensée, à tout âge et dans n'importe quelle circonstance, peut devenir une merveilleuse puissance créatrice – à la condition de ne pas lui laisser la bride sur le cou, ou de ronronner avec elle.

Il nous appartient de la guider.

Et si le cerveau lui sert d'instrument sensible pour qu'elle puisse s'y former et s'exprimer, elle ne réside pas dans sa matérialité. Réfléchir à l'expérience de notre vie, apprendre à nous situer en nous-même et dans l'environnement bien au-delà des opérations de survie : voilà les fruits d'une conquête assez récente : tout de même des milliers d'années !

Évaluer les objectifs et faire de véritables choix, nous le devons à l'évolution du cerveau et de ses structures nerveuses.

Chaque acquis de l'être humain, aussi ténu soit-il, et depuis les origines, fut enregistré et mémorisé dans le cerveau – grâce aux neurones qui de plus en plus nombreux ont développé leurs potentialités.

Ainsi est née sa couche la plus récente : le *cortex cérébral*. Il a permis l'éclosion de la pensée.

Ainsi sommes-nous les uniques créateurs de pensées personnelles.

Le cerveau, lui, en est le « maître d'œuvre ».

Il a les moyens de réaliser nos désirs, à la condition que nous prenions véritablement la responsabilité de nous y investir. La pensée, consciemment ou inconsciemment, entretient nos systèmes de valeurs personnelles. Ce à quoi nous croyons réellement détermine nos options et nos comportements.

Ce sont en grande partie les événements du passé auxquels nous avons été confrontés, la vision imposée des adultes quand nous étions enfant et la qualité de leur présence –

qui ont marqué de leur emprunte notre champ d'expérience : donc de notre vision du monde. Aujourd'hui peut-être continuons-nous encore à le regarder et à nous considérer nous-même au travers d'un regard où passeraient des messages qui ne nous appartiendraient pas véritablement.

Cependant, nous ne sommes pas liés à vie aux conditionnements du passé. Nous avons le pouvoir de réorienter nos pensées, notre propre vision – à condition de leur faire exprimer ce que nous voulons réellement incarner. Les incapacités, les échecs que nous estimons être les nôtres ne sont-ils pas en fait les limites dans lesquelles nous nous croyions enfermés ?

Dans ce cas et sur la foi du passé, nous continuons alors à ignorer nos inestimables potentialités.

Elles attendent que nous les éveillions.

La pensée est constituée de matériaux subtils, impondérables et captés au moyen des antennes du cerveau. Elle se branche sur d'innombrables particules d'énergie, qui circulent librement bien au-delà de notre atmosphère terrestre. Il nous appartient de nous conjoindre à elles, de les assembler et les modeler en fonction des transformations positives que nous décidons d'opérer sur nos personnes et nos vies.

Mais ici, la magie ou l'illusion n'ont pas cours.

Pour réussir, il faut impérativement franchir un passage obligé !

Cependant avant d'y accéder, il s'agit de défaire les ritournelles et les obsessions qui trottent dans la tête : détourner ses pensées des paysages clos ou dilués sur lesquelles elles butent ou s'évaporent, pour s'engager sur ses propres chemins encore inexplorés.

Si la pensée constitue alors une force qui peut nous changer, comment s'y prend-elle pour devenir ainsi opérationnelle ?

Pour qu'elle se réalise, il lui faut descendre dans le plan physique. Son seul instrument pour se matérialiser : le corps.

Cerveau ancien, cerveau récent

De façon continue, le cerveau produit de l'énergie électrique. Les milliards de cellules nerveuses qui l'habitent reçoivent les informations qui émanent de notre organisme. A la vitesse de l'éclair, elles les acheminent sur leurs propres circuits électriques jusqu'au cerveau, par le canal de transmission du système nerveux.

Alors si vous voulez changer quelque chose à votre existence, habitez donc de sensations et d'émotions vos désirs et votre ressenti. Ce sont eux qui réalisent les pensées qui les ont suscités.

Mais ce ressenti, cheville ouvrière de toute guérison et transformation, ne réside pas dans la partie la plus récente du cerveau : le cortex – qui, lui, élabore des pensées et fait des choix.

Il émane de ses parties les plus anciennes ; et le seul langage sur lequel elles sont branchées, c'est celui manifesté par le corps. Depuis des millions d'années, ces cerveaux archaïques veillent sur nous avec vigilance sans relâche : gérant et assurant l'équilibre de l'être tout entier. Aujourd'hui encore, ils maintiennent dans un équilibre harmonieux les fonctions de la vie et sa pérennité. Sans eux, nous ne ressentirions rien ; et nos pensées n'auraient pas plus de chance de s'incarner que les traités de philosophie ni les idées brassée – conçus sans le moindre support affectif.

A chacun sa responsabilité : au cortex de donner forme aux pensées, de décider les orientations conscientes vers lesquelles on veut s'acheminer.

C'est le désir qui constitue le pont avec les cerveaux anciens : les exécuteurs ! parce que le désir seul met en route l'énergie nécessaire à la réalisation d'un objectif, aussi élevé soit-il. Son énergie est alimentée par les mouvements sensibles du corps, transmis aux cerveaux.

Mais aussi à chacun des cerveaux sont impartis des temps privilégiés dans lesquels ils exercent leurs pouvoirs.

C'est particulièrement aux abords du sommeil que s'effectue la transmission. Le cerveau cortical va s'assoupir et récupérer ses forces nerveuses. Le relais passé aux vieux cerveaux, à eux maintenant d'occuper la scène. Ils accompliront leurs tâches tout au long du sommeil.

Leur mission essentielle est de conserver la vie : nettoyer les toxines, réparer les avaries, réviser le moteur et les circuits électriques... mais aussi dans la détente, restaurer l'équilibre psychique.

Tous les cerveaux marchant à l'électricité, chacun émet des ondes aux fréquences et aux amplitudes variables. Elles changent donc au cours des vingt-quatre heures, en fonction des activités ou du sommeil – mais aussi de l'état physiologique et psychologique de la personne.

Celles qui nous intéressent ici sont de deux ordres :

Le cerveau d'une personne active et dynamique, que ce soit au plan physique ou psychique, émet des ondes à fréquences courte (nombre de vibrations par seconde), et à faible amplitude (écart maximal et minimal de ces ondes) ; on les nomme ondes *bêta*.

Tandis qu'aux abord du sommeil, ces trains d'ondes étirent leur amplitude qui s'étale, et régularisent, ralentissent leur fréquence. Elles accompagnent l'endormissement. Ce sont les ondes dites *alpha*, qui apaisent muscles et nerfs et mettent au repos le corps et l'esprit. On pourrait plus justement dire que c'est l'état de détente qui plonge le cerveau de la personne en alpha. En alpha les opérations du jour, les épreuves, les fatigues et les tensions s'apaisent.

Le monde extérieur est mis à distance, mais aussi le mental qui porte des jugements de valeur souvent péjoratifs. Alors l'esprit libéré peut, s'il le désire, entrer en communication consciente avec les vieux cerveaux, producteurs d'alpha.

Dans cette détente où l'on accède naturellement, dégagé du poids du jour et du passé, il est possible d'accentuer le bien-être et la sécurité du corps qui repose ; d'entrer dans des pensées positives et harmonieuses que les cerveaux anciens peuvent alors enregistrer et, peu à peu, mémoriser.

Dans cet état de conscience privilégié, il est possible d'émettre des désirs et, sous certaines conditions, de les

voir ensuite se réaliser. Cependant pour beaucoup de personnes, le temps d'endormissement est trop bref, ou la détente insuffisante pour orienter son esprit vers de nouveaux horizons. Aussi existe-t-il une possibilité de changer soi-même le rythme de ses propres trains d'ondes – et d'entrer ainsi, à volonté, en ce lieu privilégié de l'alpha.
La condition est d'apprendre à se relaxer. Que ce soit avant de plonger dans un sommeil réparateur ou que ce soit de conduire consciemment le corps dans un état relaxé, la détente musculaire et nerveuse mettra à distance préoccupations et pensées actives.
Dans les deux cas une respiration lente et profonde accompagnera la personne dans une relaxation de plus en plus profonde. Les ondes bêta ainsi mises au repos, apparaissent les ondes alpha et la possibilité d'une communication consciente, privilégiée, avec les cerveaux anciens.

LE SOUFFLE À LA RENCONTRE DES ONDES ALPHA

LA vie n'existe que si le souffle la fait vibrer et l'anime. Étendu si vous le pouvez, sinon aussi confortablement installé que possible, mais en excluant le risque de vous endormir...

• *Observez comment votre corps s'est naturellement posé. Est-il contracté, sur la défensive, ou lâché n'importe comment, sans que vous y soyez réellement présent ?*
Prenez le temps de vous rassembler. Il ne s'agit pas de glisser dans une cuirasse, mais de vous ramener à vous-même.
Sentez le poids du corps sur la surface qui le porte. Vous reposez sur la terre dont le magnétisme qui vous a attracté vous soutient.
Appréciez ces instants. Et maintenant clignez des yeux plusieurs fois.
Le seul passage des paupières sur les globes oculaires coupe le jet ininterrompu des informations qui ne cessaient, par le regard, de mitrailler le cerveau.

Sans qu'on en soit toujours conscient, elles provoquent fatigues et tensions.
Ensuite expirez longuement, en évitant de pousser sur l'air pour le faire sortir.
Laissez-vous soupirer de bien-être. Inspirez ; puis en le lâchant doucement, suivez attentivement le chemin de l'air tandis qu'il quitte le ventre, les poumons... observez sans commenter ou juger.
L'unique mesure devient ce que vous éprouvez dans l'instant ; c'est déjà de la présence à vous-même.
Dans ce corps, le vôtre : bien cerné et protégé par la peau, comment vous sentez-vous ?
Rejetez des tensions prêtes à se dénouer, sur des expirations transformées en doux soupirs.
Ne poussez pas sur l'air ; laissez-le partir.
Accueillez maintenant celui qui entre et coule dans votre gorge. Il circule libre et frais.
• Et maintenant portez attention à ce lieu, où, entre ventre et haut des poumons, le corps se soulève et se contracte.
Posez sur lui vos mains, doucement, pour ne pas entraver la liberté du souffle qui berce vos mains... laissez-vous porter, abandonné à votre propre rythme, aux sensations intérieures.
Si des pensées vous traversent, ne les retenez pas.
Ne les chassez pas non plus ; laissez-les passer, et revenez au souffle sur lequel vous vous branchez consciemment.
C'est lui qui diffuse en vous cette onde de détente.
Mâchoires, épaules et ventre l'apprécient particulièrement (à moins qu'ils ne ressentent davantage de tensions, pour avoir voulu trop bien faire !).
Exercez-vous à prolonger un peu plus l'expir que l'inspir.
Laissez-vous glisser sur l'air.
Appréciez de sentir votre corps s'acheminer agréablement vers le sommeil, sans jamais dormir : puisqu'il s'agit de libérer l'esprit.
Accompagnez jusqu'au bout chaque expiration.
Laissez brouillards, obstacles et souffrances partir au-delà de l'expiration.
Votre corps s'alourdit de bien-être, et renaît à la confiance émanée de votre propre profondeur.

- *Ramenez maintenant votre attention sensible au visage. Laissez couler son masque... Invitez-le à la détente.*
Alors les yeux reposent dans le berceau des paupières closes.
La bouche entrouverte aide à la décontraction des mâchoires; lèvres et dents relâchent leur pression, leurs centaines de fibres quittent la contrainte.
Enfin, goûtez l'air frais et léger inspiré par les deux narines...
Prenez le temps d'éprouver ces sensations nouvelles.
- *Votre corps est proche, plus encore, du sommeil, mais sans que jamais vous dormiez.*
Le mental et la mémoire passée sont apaisés.
Seul compte l'instant de la respiration sur laquelle vous restez consciemment branché.
L'esprit libéré peut alors s'associer à la vie qui s'écoule sur l'air.
Ne le gaspillez pas; n'en faites pas non plus un automate.
Traversant votre corps endormi, il vous oriente vers la perception de votre être tout entier.
Profondément relaxé, vous êtes conjoint aux ondes alpha que vous-même avez provoquées...

Qu'elles soient positives ou négatives, nos pensées produisent une énergie qui met en marche dans le corps, s'il y est présent, les effets qui leur correspondent: que nous en soyons conscients ou pas.
C'est ainsi qu'on peut indéfiniment réensemencer et réactiver les mêmes croyances antérieures d'échec, de souffrance. Le cerveau réalise ce ressenti: «Avec moi rien ne marche»... «Vous voyez bien, je vous l'avais bien dit»... «Je voudrais y arriver mais je n'ai pas les moyens, la liberté»... Alors bien sûr et sans qu'on l'ait réellement choisi, on répète un cycle infernal; sans imaginer que ces prophéties engendrent l'incapacité et la peur énoncées.
Un désir positif personnel dans lequel on s'investit, lui aussi, est chargé d'énergie. Mais celui-là déclenche dans le cerveau son mécanisme à succès qui met automatiquement en route les moyens de la transformation.
Nous ne sommes liés ni à une mauvaise étoile ni au destin aveugle.

Commencez donc par attraper les pensées qui se promènent n'importe où et qui disent n'importe quoi.
Puis changez-les.
Le cerveau mémorisera la nouveauté, pour lentement l'ancrer comme votre nouvelle réalité.

FAITES PLACE AUX PENSÉES DE VOTRE CHOIX

Il va falloir s'assurer que les vieilles croyances négatives, les mécanismes répétitifs ne viennent plus interférer.

• Revenez à la seule réalité de l'instant, votre corps : ressentez-le, cette fois encore, peser sur le sol.
Dégringolez donc du mental, de la périphérie aux sensations réelles engendrées par ce contact.
Conduisez votre attention jusqu'à la partie du corps la plus éloignée du cerveau : plantes de pieds ou talons.
Accentuez leur pression au sol, en les nommant « MES plantes de pieds, MES talons » : approfondissez les sensations éprouvées.
Les pensées parasites commencent à se défaire.
En effet, le cerveau ne peut pas, dans le même instant, habiter à la fois le mental et le ressenti.
• Suivez en vous le chemin de l'air. Il monte du ventre à la gorge dans l'inspir, et redescend de la gorge au ventre à l'expir.
Ne quittez pas en vous le fil de la respiration. Ce qui continuait d'envahir la tête se dénoue, brassé par l'air qui anime votre être.
Le souffle progressivement se régularise.
Il vogue sur une vitesse de croisière vacancière.
Prenez alors votre pouls au poignet ou à la tempe avec le pouce, et comptez les battements.
Ensuite synchronisez les rythmes cardiaque et respiratoire.
Comptez le nombre de battements nécessaires à une inspiration, une expiration : toutes deux amples et paisibles.
Votre bon rythme s'installe dans tous les micromouvements de l'organisme.

• Imaginez maintenant un oiseau qui déploie ses longues ailes blanches et traverse le ciel avec une tranquille assurance.
Elles s'ouvrent, se referment au rythme de votre respiration.
Si les battements du cœur étaient irréguliers, la respiration les régulariserait.
Le souffle conscient occupe tout le territoire.
Les mains posées sur lui, abandonnez-vous au bercement.
Une onde de détente parcourt le corps, se diffuse dans toutes ses cellules.
Les pensées envahissantes ont disparu.
Pour concentrer ses facultés mentales, il importe de ramener toutes ses pensées autour d'un objectif clairement défini.
Développer ses facultés de concentration créera de bonnes conditions au fonctionnement privilégié du cerveau.

CENTREZ L'OBJECTIF SUR L'IMAGE

• Dans un magazine, découpez une photo en couleurs qui représente l'instantanéité d'une scène vivante.
Vous la retournerez à l'envers, parce que le premier sujet de l'observation : c'est vous-même.
Revenez donc à votre corps vivant... attentif à vos surfaces d'appui, et branché sur le mouvement de l'air qui va, qui vient en vous.
Ensuite regardez la photo ; et pour quatre minutes, au plus, et montre en main, considérez-la.
Il ne s'agit pas de sortir un œil aigu qui essaierait de cibler et retenir un détail, puis pointerait successivement une série de détails.
Votre regard, grâce à la respiration consciente, commence à balayer la photo pour l'inscrire dans le cerveau.
Demandez à votre mémoire qu'elle s'en souvienne, et vous la restitue le moment donné.
• Et maintenant entrez dans l'ambiance, les mouvements manifestés sur l'image. Saisissez les attitudes, les communications entre les personnes.
Alors seulement notez les détails. Ils s'inscriront dans un ensemble « historique ».

Surtout ne vous accrochez pas à eux, pour être sûr de ne rien oublier. La fragmentation couperait le sens. Lui seul vous permettra une reconstitution d'ensemble.
La fascination, elle, figerait votre propre caméra intérieure ; de plus en plus présent à votre respiration, laissez-vous paisiblement passer et repasser sur la scène.
Un désir de retenir, une peur d'oublier interféreraient avec l'inscription qui est en train de s'opérer dans la mémoire.
Et maintenant, laissez l'image se reformer à l'intérieur de vos yeux fermés.
Elle va s'inscrire au fond de votre regard.
Puis armé d'un papier et photo retournée, racontez, telle que vous l'imaginez, la scène vivante que le photographe a figée sur la photo.
Créez, brodez ce moment de vie sans tenir compte d'une réalité qui vous échappe de toute façon.
Cependant, tous les éléments mémorisés doivent y figurer.
Quand vous aurez définitivement posé la plume, remettez l'image à l'endroit..., et comparez.
Sans la moindre appréciation ou jugement, faites la liste des éléments oubliés (mentalement).
• *Une fois encore retournez la photo. Et notez sur le papier les nouveaux détails mémorisés.*
Enfin observez particulièrement ce que vous auriez tendance à oublier...
• *Votre présence à la respiration, à l'objet de votre observation ont calmé les turbulences du cerveau.*
L'attention dégagée des parasites, vous vous focalisez sur l'objectif poursuivi.
Vos pensées sont claires et sous-tendent avec rigueur et souplesse votre cheminement.

Le cerveau ressemble comme deux gouttes d'eau à un ordinateur, à la différence près qu'il est vivant et beaucoup plus perfectionné. Lui aussi exécute les programmes que nous lui fournissons.

Bien avant sa naissance la sensibilité du bébé enregistre dans son corps et la mémoire de ses cerveaux archaïques les informations venues de l'extérieur et de ses propres sensations. Cependant, le cortex n'a pas encore atteint une maturité suffisante pour qu'il ait la moindre conscience de qui il est. Seul ce qu'il ressent l'informe sur lui-même et le monde confondus.
Les cellules de son corps garderont la mémoire inconsciente de ce vécu bénéfique – ou non. Les premières années de notre vie déterminent donc notre vision de la vie – telle qu'elle nous fut imposée. Et peut-être aujourd'hui encore nos références et notre angle de vision viennent de ce passé lointain : tout y fut enregistré comme notre unique réalité.
Aussi longtemps que nous n'intervenons pas avec un plan personnel de transformation, les disquettes enregistrées dans le cerveau continuent à fournir et imposer le sens et le mode d'emploi de notre vie.
Notre réalité d'aujourd'hui, c'est de prendre à notre compte ce que nous avons réellement envie de changer en mieux, en différent.
Cependant, une pensée, un désir doivent avant tout être cernés, clarifiés et dégagés des contradictions et des ambivalences – ou des désirs des autres que l'on prend pour les siens.
Ensuite pour se réaliser, cette pensée et ce désir doivent commencer par s'incarner – puisque l'unique réalité pour que les cerveaux anciens soient opérationnels, c'est de leur envoyer des sensations, des sentiments positifs et créateurs.
Mais comment ressentir par avance les effets que procurerait la réussite du projet, pour les communiquer aux cerveaux, avant même qu'il n'ait eu le moindre commencement de réalisation ?

La réalité de l'imaginaire

C'EST par l'IMAGINAIRE que vous pénétrerez dans ces perspectives nouvelles.

« Imaginer », c'est voir autrement : avec son regard intérieur qui voyage librement dans le temps et dans l'espace.

En alpha, le cerveau ne connaît qu'un temps : le présent. Si vous devenez le centre vivant de ce que vous imaginez, en éprouvant dans votre corps les effets immédiats de votre rêve créateur, alors le passé, le futur et le bout du monde se conjoignent à vous à chaque instant.

C'est dans un état de relaxation profonde, uni à soi-même dans un souffle profond et conscient, qu'il est possible de transformer sa réalité intérieure. Plus nous expérimentons en imaginaire et avec intensité des richesses potentielles nées de désirs sincères et plus nous souhaitons les réaliser, plus les petites cellules du cerveau qui n'avaient pas encore servi, et par millions, s'organisent en structures nouvelles – pour fournir les moyens, jusque-là ignorés, de la réussite future.

Le cerveau en alpha a pris pour argent comptant et au présent ce que la personne vivait en imaginaire. Peu à peu le rêve devient réalité. Ce que nous croyons possible pour nous-même, et à condition d'anticiper dans notre corps ses effets positifs, est pris en charge par le cerveau : mais à la condition d'y engager soi-même ses forces et sa confiance.

La volonté n'a rien à voir là-dedans. Il ne saurait être question de se donner du mal ou de s'acharner.

Ce n'est qu'au sein d'une profonde détente et d'un éveil conscient de l'esprit que le cerveau exécute ses opérations de transformation.

Mais il faut commencer par faire place nette et abandonner les programmations d'échec, la crainte de l'inattendu, les autres, l'avenir...

Peurs et méfiances résultent le plus souvent de mauvaises expériences vécues ou fantasmées dans l'enfance. Elles peuvent continuer à réactiver des inhibitions, des constats d'impuissance ou des angoisses – devant des situations qui rappellent celles vécues dans le passé : qu'on en ait ou non gardé la conscience claire. Ainsi les mauvais fruits d'antan perpétuent dans la mémoire cet ancrage, et engendrent le mal-être physique et psychique.

Avant même d'inviter le cerveau à changer ses mauvaises programmations, il faut :

COMMENCEZ PAR VIDER LES PEURS

APRÈS vous être relaxé,

- *Pensez à un désir que vous aimeriez réaliser.*

Vous en avez la capacité ; même si, jusqu'à maintenant, vous n'avez pas osé vous y aventurer.
Par l'imaginaire vous renversez obstacles et craintes.
Réalisez alors combien il serait facile et agréable de vous offrir cette satisfaction.
Pourquoi pas ?... Vous décidez donc de changer radicalement de « paysage » et de « regard ». Le souffle vous fonde dans la confiance ; et vous vous sentez, vous vous « voyez » entraîné à réaliser votre désir.
Continuez, jusqu'à ce que vous en éprouviez un véritable bien-être organique, dû au plaisir et à l'évidence que vous pouvez réussir ce que vous engagez de neuf... avec des moyens encore inédits.
Étirez-vous, changez de position.

- *Et maintenant... retrouvez une situation familière dans laquelle vous éprouvez un sentiment de crainte ou d'incapacité.*

Sentez comment il s'y prend pour paralyser en vous l'élan spontané de la vie, faisant de vous la proie d'un éventuel ennemi : personne, objet ou événement...
Comment votre corps manifeste-t-il cet état de tension... rythme respiratoire et cardiaque modifiés ? crispation des mâchoires et des épaules ?...
Quelques expirations profondes transformées en soupirs de détente effaceront la mémoire du moment pénible que vous venez de vivre.

- *Posez maintenant votre main droite largement étalée sur le plexus solaire, centre de vos émotions, exclusivement attentif au bercement de vos mains, au souffle ample et profond.*

Vous habitez en son centre : en vous-même.
Et personne ne peut pénétrer votre territoire où règne une force tranquille... vous avez remplacé le souvenir négatif par le vécu

imaginaire d'un moment heureux, et vous retrouvez sous vos mains les sensations, les émotions bénéfiques qu'il a provoquées.
Votre respiration est devenue pour vous la vie même.
Celle d'un rythme qui vous est propre chaque fois que vous l'associez à votre présence devenue invulnérable.
Et maintenant, dès que cette mémoire négative risque de vous envahir, posez d'abord votre main droite (toujours la même) largement étalée sur le plexus solaire.
Le cerveau a associé ce geste et les sentiments auxquels il correspond : confiance en soi, au centre d'un territoire inviolable.

• Les informations transmises par le corps témoignent de notre attitude intérieure : laissez donc le dos s'arrondir, la tête et les épaules s'affaisser, les yeux tomber vers le sol ; le cerveau y associe immédiatement une perte de l'énergie vitale, un ressenti dépressif – qu'il transmet à la personne. Et pour peu que vous y ajoutiez un ton de voix monocorde ou en chute libre à la fin des mots, tout concourt alors au maintien d'un « scénario » défaitiste.
Mais si vous inversez la roue de l'énergie, vous voilà en train de manifester la vie.
Commencez donc par changer vos attitudes physiologiques !
Adoptez une posture dynamique : droit sans raideur, les genoux souples et les épaules légèrement enroulées vers l'arrière, les yeux détendus et mobiles, les commissures des lèvres relevées… Le tout accompagné d'une respiration libre et ample.
L'organisme tout entier manifeste la confiance que vous lui accordez.

• Associez-vous à vos pensées.
Confortablement installé, transformez quelques expirations en soupirs de bien-être sur lesquels vous lâchez prise des tensions, des préoccupations.
Le corps repose sur ses appuis dans une sécurité paisible.
Puis portez attention à votre respiration dont vous accompagnez le trajet intérieur.
Elle sort des rails de l'automatisme, et vous relie alors à vous-même.
Laissez s'alourdir au sol bras et jambes… sentez se détendre le visage.

Vous vous accueillez dans toutes vos sensations.
Le souffle conscient approfondit encore la relaxation, et vous mène à la rencontre des ondes alpha.

• *Demandez alors à votre mémoire de vous ramener un souvenir heureux du passé (il vous est arrivé, au moins une fois, un moment de bonheur).*
L'évoquer vous restitue la qualité rare de ces instants – conservés intacts.
Revivez-en précisément l'ambiance. Reconstituez le lieu et les circonstances, les personnes et les échanges... et vous, qui éprouvez à nouveau le plaisir du corps qui s'épanouit.
Le cœur et l'esprit habitent le souffle au passé et au présent.
Ils viennent, en vous, de s'associer.

Évoquez souvent des moments heureux, ou imaginaires.
Si vous en ressentez les effets, la mémoire finira par les enregistrer; et ce programme nouveau vous donnera un esprit positif, mais aussi les moyens nécessaires pour réaliser les objectifs bénéfiques qui seront devenus les vôtres.
A partir de désirs et de pensées soigneusement choisis, vous pouvez créer votre histoire à venir.
Vous avez le pouvoir et la responsabilité d'envoyer au cerveau les messages – qu'ensemble vous réaliserez. La force et la qualité de vos pensées provoqueront une force énergétique correspondante. Le cerveau et le système nerveux pourvoiront à leur réalisation.
Ainsi, penser c'est concevoir et réfléchir au moyen des arcanes du cerveau; c'est se souvenir – mais aussi, imaginer.

SUR LE FIL DE L'IMAGINAIRE

IMAGINER son désir réalisé peut donc devenir créateur de cette nouvelle réalité. Intervient alors une nouvelle ressource du cerveau: son pilotage automatique.
Tel un radar, il cherche la longueur d'onde correspondant

aux pensées émises – comme si on cherchait un programme sur le poste de radio ou une chaîne de «télé». Chacun peut donc créer sa signification aux événements de la vie.
Entraînez-vous à visualiser, imaginer une situation, des événements qui n'existent pas encore dans la réalité objective. Cependant assurez-vous qu'ils vont dans le sens du changement désiré.

• *Tout en laissant l'air et les tensions sortir sur de profonds soupirs, quittez la maîtrise étouffante du corps.*
Inspirez doucement le don de la vie.
Si des pensées jaillissent ou s'insinuent, ne les retenez ni ne les chassez, mais simplement concentrez-vous à nouveau sur l'air qui circule en vous.
A l'intérieur des narines, les parois s'élargissent – ouvrant largement le passage au souffle. Il s'étale jusqu'aux extrémités des doigts, des orteils.
• *Dès que votre relaxation s'est approfondie – corps et mental au bord du sommeil –, laissez-vous imaginer un paysage dans lequel vous aimeriez vous trouver, juste maintenant... mer, montagne, campagne..., la seule condition requise : qu'il soit empli d'une vitalité printanière, et baigné d'un soleil tamisé.*
Placez-vous dans ce lieu bénéfique.
Goûtez à tous les aspects de cet environnement : la végétation qui vous entoure, les couleurs des fleurs et du ciel, le bruit léger d'une source ou du vent, le chant des oiseaux ; humez les senteurs.
Ainsi tous vos sens sont provoqués par cette harmonie joyeuse ; et ces informations transmises au cerveau qui les mémorise.
• *Et maintenant – toujours présent à vous-même par la réalité tangible de votre corps, de votre respiration – imaginez que vous marchez dans cette nature accueillante.*
Regardez-vous, sentez-vous aller dans votre corps libre et souple.
L'air embaume. Vous arrivez près d'un petit lac bordé de roseaux bercés par une brise légère.
Penché vers l'eau transparente, vous découvrez votre visage ; et vous riez ou pleurez parce qu'il grimace et ondule à la surface de l'eau plissée.

Votre image : reflétée par le lac... mais aussi par les autres, par votre propre regard...
Prenez maintenant votre visage de la réalité entre vos mains.
Du bout des doigts délimitez ses frontières. Dès que vous le caressez, il s'anime.
Le masque tombé, il n'y a plus aucun modèle à quoi se référer.
Sentez le contact, la chaleur. Vous êtes unique ; une incroyable vie circule en vous.
Puis vos poumons, tout le corps s'ouvrent et s'épanouissent comme fleur au soleil.
Ces énergies devenues réelles en vous par l'action du cerveau régénèrent votre organisme, votre relation à vous-même.
Au centre même de la respiration vous résidez dans une qualité de présence qu'aucune infirmité, aucun contact extérieur douloureux ou dégradant ne pourra plus vous dérober.
Respirez encore dans la qualité exceptionnelle de cet air lumineux.
• *Vos yeux, vos sens intérieurs commencent à se refermer – au moment où vous décidez de ramener les mains sur le ventre et d'augmenter les respirations jusqu'à ce qu'elles aient transformé l'abdomen en un soufflet puissant.*
Progressivement elles remobilisent le tonus musculaire et nerveux.
Remuez les mains et les pieds.
Roulez très doucement la tête d'un bord sur l'autre.
Puis bâillez, étirez-vous. Et quand vous vous relevez, tapez bien les pieds sur le sol.

Des expériences en physiologie font foi de cette action de l'imaginaire sur l'organisme. Par exemple : un parcours véritablement réalisé en montagne et ce même parcours visualisé donnent les mêmes résultats physiologiques : augmentation du taux d'oxygène, etc.

INFLUENCEZ VOTRE MONDE

LE monde dans lequel vous vivez, VOTRE monde, dépend en grande partie des références et des expériences qui ont fondé vos premières croyances.
Vos modes de pensée déterminent donc votre relation à vous-même, aux autres. Mais ne continuez pas à répéter le

passé – là où il vous fut contraire. Vous risqueriez inlassablement de le prendre pour le présent.
Aujourd'hui les personnes, les événements n'ont de pouvoir sur vous que dans la mesure où encore vous le leur permettez.
Le premier pas est de vous tourner délibérément sur ce que vous aimeriez faire, vers le genre de personne que vous souhaiteriez véritablement devenir : un destin que vous envisagez d'accomplir selon vos propres plans, avec vous-même comme réalisateur.
La pensée devient donc créatrice, dès qu'un désir positif submerge la somnolence de l'esprit.
Cependant il est indispensable de remplacer les chimères par une pensée claire et la force d'un désir bien cerné. L'intensité du ressenti qui en découle réalisera le projet imaginaire que vous avez mis en route.
L'essentiel reste pourtant de développer pour vous-même confiance et estime – même si pour l'instant ce qui remplit votre tête et vos actions y contrevient.

LIBÉREZ VOTRE TERRITOIRE

APRÈS vous être relaxé,

• *Repensez, mais légèrement, aux difficultés et obstacles qui vous préoccupent et empoisonnent encore votre existence.*
Imaginez ensuite que vous prenez un grand sac de papier résistant. Vous expirez dedans tout ce dont vous voulez vous débarrasser. Soufflez fort, à plusieurs reprises.
Dans l'expiration qui est réelle, liée à l'imaginaire, vous sentez le sac se gonfler – au fur et à mesure que vous évacuez dans le sac tout ce qui vous encombrait.
Lorsqu'il est rempli, « voyez »-vous le fermez hermétiquement ; et tapez dedans pour l'éloigner. Soufflez encore, jusqu'à ce que vous le perdiez de vue.
Vous avez fait place nette.
• *Concentrez votre attention sur quelques respirations lentes et approfondies.*

Le souffle qui maintenant occupe l'espace dissout les pensées vagabondes, obsédantes : comme brumes au soleil.
Le passé s'estompe. Vous êtes toute respiration, empli de votre unique présence.
Ressentez le calme intérieur, le bien-être.

Il n'y a rien à prouver, à perdre ou à gagner… alors ne poussez pas sur l'air comme une locomotive ; ne le suspendez pas non plus comme si la terre vous manquait ou les assises sûres se dérobaient.
A quoi, à qui pourriez-vous vous comparer ?
Qu'avez-vous à prouver, quelle revanche ?…
Vous qui avez la liberté intérieure d'accomplir cet être unique – qu'en puissance vous avez toujours été.

FAITES ALLIANCE AVEC VOUS-MÊME

• *Centré sur votre corps, habitez-en d'abord les structures les plus denses : points d'appui de votre sécurité.*
Pour commencer à vous rassembler, imaginez le sable d'un sablier glisser lentement et régulièrement vers le bas : le temps de la cuisson d'un œuf.
En même temps attentif à la vie qui anime le corps, l'air que vous respirez vous relie à tout ce qu'il vous plaît de capter.

• *Et maintenant, élevez l'air dans le haut des poumons – sur lesquels vous posez les mains. L'inspir vous relie à la lumière ; à l'expir l'air qui la transporte éclaire vos milliards d'atomes.*
Montez vos mains à la verticale, paumes tournées vers le ciel.
Poussez sur les mains comme si vous vouliez le toucher.
Il émane d'un rayon une douce chaleur qui pénètre vos mains.
Ramenées dans la région du cœur elles unissent corps, mental et esprit dans une globalité qui vous donne sens.
Gorgé d'énergies positives, vous êtes en cet instant empli de ressources.
La réussite dépend de la qualité de vos désirs – et de ce que vous vous sentez capable d'accomplir.

Nos croyances, nos comportements se sont développés, enfants, selon certains axes. Ils ont pu exercer un impact d'autant plus fort qu'ils ont été, en grande partie, intégrés de façon inconsciente.

A vous aujourd'hui de vous envoyer des suggestions qui changeront dans le cerveau les programmations aux figures imposées. Créez donc des stratégies nouvelles correspondant à vos véritables choix.

Cependant veillez à ce qu'il n'y ait pas de contradictions internes ni d'ambivalences dans vos décisions, orientations nouvelles. L'ambiguïté, les doutes annuleraient les effets souhaités.

En effet comme tout appareil informatique, le cerveau n'enregistre ni négation ni hésitations.

Mais aussi ces stratégies doivent être attrayantes, « engageantes », et s'accorder avec tous les aspects de votre personne.

C'est en alpha que la suggestion est la plus efficace – parce que les cerveaux archaïques ne raisonnent ni ne réfléchissent, mais réagissent à la réalité du ressenti.

LA ROUTE DU BONHEUR

• *Commencez par vous fixer un objectif que vous pourriez réaliser, si seulement on vous en donnait les moyens.*

Il doit nécessairement éveiller un plaisir, une ardeur – qu'il s'agisse d'un sentiment, d'une qualité à manifester, d'une action à réaliser ou d'une aspiration secrète.

Cernez-le bien dans la pensée ; poussez sur le désir ; et imaginez-vous en train de le réaliser.

• *Puis retrouvez cet état à la fois passif et réceptif propre aux ondes alpha, dans lesquelles vous conduit maintenant votre relaxation.*

Lâchez radicalement le passif sur quelques expirations.

Laissez monter ensuite sur le souffle une affirmation émanée de votre propre source intérieure.

Elle concerne votre capacité à réussir votre projet.
Dans l'expiration soufflez en vous cette certitude à toutes les cellules de votre organisme.
La phrase courte et entièrement positive qui suggère à votre cerveau ce programme nouveau commence nécessairement par JE.
Relaxez-vous davantage.
Votre pensée ne dévie pas de son but.
Les narines ouvrent largement un passage à l'air qui meut la vie dans tout le corps.
En même temps rappelez à votre esprit qu'il sait découvrir toutes les ressources nécessaires à son projet.
Quelques mots vont condenser les nouveaux aspects de cette suggestion.
Laissez la phrase se former d'elle-même.
Répétez-la silencieusement, longtemps – bercée sur le souffle qui l'intègre.

• *Imaginez maintenant qu'un ami, un être cher, se trouve auprès de vous.*
Prenez le temps de ressentir sa présence chaleureuse.
Écoutez, reconnaissez les inflexions et les nuances de sa voix, unique.
C'est lui qui prononce et module la phrase qui formait votre suggestion...

• *Un peu tard et en douceur, vous commencez à re-mobiliser votre tonus musculaire.*
Remontez d'étape en étape jusqu'à la surface.
Pour cela, augmentez les respirations dans le ventre.
Remuez mains et pieds.
Pour finir, étirez vos membres dans toutes les directions.
Sentez-vous devenir plus long, plus large... très long.
Inspirez pendant que vous étirez tout le corps.
L'expiration le rétracte.
Il retrouve alors sa dimension ordinaire.
Avant de vous relever répétez votre suggestion et, cette fois à haute voix... plusieurs fois dans la journée, dans les semaines à venir : temps nécessaire au cerveau pour l'informatiser.
Vous êtes en bêta et pouvez reprendre vos activités.

La conviction de votre pensée positive entraîne irrésistiblement la réalisation de son contenu. Ces nouveaux messages peuvent réorienter votre destin.

Si la mémoire des prédictions négatives, des échecs, une mauvaise estimation de vous-même ou du monde extérieur avaient perpétué l'incapacité présupposée – cette même mémoire va mettre en œuvre votre puissance réalisatrice.

Alors la pensée et la personne tout entière muées par votre valeur recouvrée, tel un phare, éclaireront les richesses jusque-là délaissées.

Il faut choisir le bonheur. Il est un état d'esprit. Et vous êtes libre d'y aspirer.

La condition pour qu'il vous investisse ? Le désirer sincèrement ; apprendre à y croire.

OUVERT À VOUS-MÊME

ARRETEZ de vous suspecter ; de vous dévaluer par des jugements qui condamnent la possibilité même du succès. Remplacez surtout l'image que vous vous faites de vous-même.

Si vous échouez à devenir qui vous désirez être, c'est aux programmes anciens que vous le devez.

Ils vous ont enfermé dans des frontières prises pour l'unique réalité.

En alpha votre nouvelle vision vous oriente et vous engage dans la direction même où vous posez votre regard.

• *Au centre de votre respiration tranquille, le corps alourdi repose en toute sécurité.*

Chaque fois que vous inspirez, c'est une petite quantité de détente et de bien-être qui entre en vous.

Chaque expiration élimine un volume équivalent de tensions.

Présent à vous-même dans la conscience du souffle, vous occupez une place stable, la vôtre, au centre de votre territoire.

Les muscles relâchés, le mental calmé, vous vous acheminez vers un niveau de conscience de plus en plus profond.

Soupirez longuement pour éliminer les obstacles qui vous

empêcheraient encore d'entrer dans votre plénitude... Détente, paix se sont installées.

• *Imaginez alors que vous vous apprêtez à retrouver une personne aimée.*

Vous ne l'avez pas vue depuis longtemps. (Cependant, elle n'existe pas dans la réalité.) Cette personne vous ressemble comme deux gouttes d'eau jumelles.

Dans un élan de joie, vous partez à sa rencontre.

Dès le premier contact, vous retrouvez le même éclat des yeux, le sourire et la beauté rayonnante – que vous ressentez maintenant en vous-même.

Agréablement installés, vous évoquez les souvenirs heureux du passé, et le jour de votre première rencontre.

Vous la revoyez toujours animée d'une énergie qui la rendait attachante, inoubliable.

Le magnétisme né de sa force intérieure, de l'élan du cœur n'ont pas changé.

Tous les deux vous respirez dans cette richesse partagée... mais qui est donc l'autre ?

UN NOUVEAU PROGRAMME POUR LE CERVEAU

REDISONS-LE, pour bien nous en pénétrer : le cerveau réagit à nos pensées quand elles en épousent les formes, les sensations provoquées.

Cependant, leur force réalisatrice dépend de la puissance et de la qualité du désir – mais aussi de la confiance éprouvée. Ils sous-tendent l'énergie nécessaire à tout accomplissement.

Il s'agit donc de visualiser. Et de sentir vivre en vous la réalisation du désir – accomplie d'abord dans les zones profondes des cerveaux anciens.

Reconstituez toujours une mise en scène détaillée.

Soignez le scénario et les dialogues.
Précisez les relations qui existent entre les personnes.
Mais surtout veillez à votre authenticité. Vous qui êtes l'acteur principal et le bénéficiaire de tout le processus.
• *Choisissez donc un objectif, une réalisation qui concerne votre vie et votre personne.*
Vous avez réellement envie de l'atteindre : à court ou plus long terme.
Cernez-le bien dans une pensée claire, concise et entièrement positive.
Puis décrivez par écrit les ressources dont vous disposez déjà pour y parvenir.
• *Ensuite et au cours d'une mise en alpha, imaginez-vous en quête des richesses qui pourraient vous manquer.*
Vous voyagez consciemment sur votre respiration, jusqu'à ce que vous rencontriez – proche de vous ou quelque part dans le monde – un lieu, des personnes qui les possèdent (en réalité ou en imaginaire).
Entrez en communication sensible avec eux.
Demandez-leur de vous enseigner comment acquérir ces richesses pour vous-même.
Ces lieux de la nature, ces monuments ou ces personnes vous accueillent avec ouverture et compréhension.
Votre souffle s'approfondit encore. Et sans aucune participation du mental, vous accueillez en vous la connaissance et les moyens qui leur permirent d'acquérir ce qu'ils sont en train de vous transmettre par voie directe.
C'est en votre centre conscient que s'opère l'alchimie.

Vous ressentez alors combien ce qui semblait endormi, inaccessible, existait en vous.
Cependant si certains modes d'emploi vous manquent, quittez le manque et trouvez des personnes prêtes à partager leurs compétences.
Mais pour que votre cerveau puisse s'en servir et les modéliser, elles doivent être décrites avec la participation sensible du donateur : comme s'il était en train d'en revivre le cheminement lui-même.

PROGRAMMEZ LE FUTUR

Prenez un joli papier solide. Et formulez une phrase, une suggestion simple et claire : entièrement positive – en relation directe avec ce projet (ou un autre) dont vous venez de mettre en place la première stratégie de réussite.
Puis en lettres importantes et bien lisibles, écrivez, au milieu de la page et en haut, cette « phrase programme ».
Ensuite l'une après l'autre, vous formulerez trois, quatre phrases dans lesquelles vous affirmez vos capacités. Et surtout, par anticipation, considérez déjà le but atteint.
Votre conviction intime doit correspondre à vos affirmations.
Pour vous guider vers vos propres chemins, je vous propose un exemple bien concret : réussir une épreuve, un challenge.
Phrase programme : « J'ai chaque jour de plus en plus confiance en moi-même, en mes capacités. »
Prenez le temps de respirer ; de sentir en vous les effets de cette affirmation. Pas un instant vous ne permettez au doute de s'insinuer.
Puis,

1re phrase : J'ai réussi mon examen, mon enjeu... et je me vois sur la liste des « reçus », des gagnants.
2e phrase : Je suis fier et heureux. Je me vois, je m'entends l'annoncer à tous mes proches.
3e phrase : Je me vois maintenant m'inscrire à... exercer... accomplir... réaliser...

A la fin, posez le corps dans une position confortable et détendez-vous : présent à votre respiration et en visualisation.
En alpha, vous revoyez le film de votre réussite... vous jouissez du résultat. Le cerveau enregistre ces nouvelles informations.
• De la clarté de la phrase programme et de l'intensité du ressenti dépend la réussite de la programmation.
Dans la journée, répétez aussi souvent que possible la suggestion.
A partir du moment où elle vous satisfait, n'en changez pas le moindre mot.
Lisez le texte chaque fois et jusqu'à ce que vous le connaissiez par cœur.
Le cerveau mettra au moins trois semaines pour ancrer cette nouvelle disquette – et qu'elle devienne opérationnelle – si elle est simple.

Le soir avant de vous coucher, le matin avant de vous lever, retrouvez les chemins de l'alpha.
Puis prononcez clairement votre suggestion. Avant de vous endormir et de vous éveiller, vous êtes naturellement en alpha. Alors et cette fois de façon consciente vous communiquez aux cerveaux anciens votre ressenti.

- *Mais aussi, matin et soir et pendant toute la durée de la programmation, vous ouvrez la main gauche.*

Imaginez que vous y déposez le contenu des phrases – tandis qu'à droite vous réunissez, au niveau des pulpes, le pouce et deux doigts.
Le cerveau associe alors phrases et geste (toujours identiquement les mêmes).
Quand il les aura bien ancrés ensemble et la programmation faite, il vous suffira d'ouvrir la main gauche, de joindre à droite pouce et doigts, pour que le cerveau vous restitue en même temps la mémoire de votre capacité à réussir et votre réussite.

Après l'avoir pensé, imaginé dans un futur proche: la réalisation de l'objectif programmé commence à s'incarner dans la réalité concrète.

Une région où réside la paix

Je peux faire le choix d'ouvrir une porte nouvelle sur mon espace intérieur.
Mais aussi de la franchir pour passer du monde de la confusion à celui de la clarté; de la souffrance à celui d'une indéfectible présence amicale – en moi.
Et si je fais le choix radical d'entrer dans la paix, les cellules du cerveau puis de tout mon être en seront impressionnées; je vivrai dans ma propre harmonie.

- *Pour descendre en alpha, rappelez-vous: les surfaces d'appui, pour retrouver la preuve tangible de son identité, le bercement du souffle qui ouvre et sensibilise l'espace intérieur... enfin au centre*

de ce souffle : vous qui respirez et devenez le témoin vivant de vous-même.
Prenez le temps de franchir chaque étape.
Promenez-vous sur l'air. Le cinéma mental s'éloigne avec les tensions.
Alors la détente qui s'approfondit éveille l'esprit.
La pensée a cessé d'être l'écho, la répétition du passé. Elle a acquis le pouvoir d'épouser vos véritables choix.

• *Et maintenant : je pense à ce qui me rendrait le plus heureux au monde... dans cet instant je me représente, je me vois au milieu de ces instants de bonheur... dans les moindres détails.*
J'explore ce lieu, son environnement, les personnes que j'y ai peut-être conviées... ce que je vois, j'entends et je ressens comble mon être – jusqu'à ce que ce rêve d'or se réalise en moi : dans mon corps, dans mon cœur.
Je vibre maintenant à une fréquence chaude et lumineuse. Je suis de plus en plus proche de ma véritable identité !

Le souffle est un élément central de cette transformation. Il vous unifie.
La respiration est à votre disposition.
Une simple pensée suffit à la modifier.
Évoquez un événement heureux et elle s'amplifie.
Toutes les émotions, les mouvements de l'âme se traduisent dans le souffle.
Alors, à l'inverse, quand vous désirez modifier la qualité de vos pensées, de vos images mentales et des sensations nées dans votre corps – changez la qualité et le rythme de votre respiration – à laquelle vous vous associez inconsciemment, êtes-vous présent à ce fleuve de paix qui peut, à volonté, couler en vous.

C H A P I T R E

5

De couleurs et de sons

ESSAYEZ donc dans le noir de repérer votre chemin. De distinguer des lieux inconnus ou de lire un texte. Seule la lumière du soleil éclaire notre monde.
Dénuée de toute matière, elle se transporte elle-même sur ses myriades de grains lumineux : les *photons*.
Sans ces innombrables corpuscules d'énergie qui constituent le rayonnement électromagnétique, la vie n'aurait jamais pu se déployer sur la terre. Tous émanent de la maison mère : le soleil.
Cette lumière blanche émet sur sept longueurs d'ondes différentes : sept rayons de couleurs qui constituent le *spectre solaire*. Elle est un spectacle féerique dont l'ordonnance ne varie pas : rouge-orange-jaune-vert-bleu-indigo-violet.
En deçà du rouge, les fréquences du rayonnement électromagnétique sont trop basses pour que nos yeux humains puissent les percevoir. Elles produisent l'infrarouge.
A l'autre extrémité visible et au-delà du *violet*, les fréquences, elles, sont trop élevées pour les capacités de notre regard : vibrent alors les radiations de l'ultraviolet.
Nos sept centres d'énergies tourbillonnent aux fréquences de ces sept couleurs : du rouge, au périnée, jusqu'au violet, au sommet de la tête. Elles animent le printemps en fête, les couchers et les levers du soleil... mais aussi chacun de nos regards quand nous établissons avec elles une communication sensible ! Vibrent en nous les couleurs propres à nos états intérieurs : la colère, par exemple, qui tourne au rouge sombre, épais : « Je vois rouge ! »
Mais si nous le désirons, nous pouvons le muter en rouge léger et lumineux, propre à l'amour de la vie.
Nous sommes essentiellement nourris d'énergie solaire ; et la valeur des couleurs captées dans nos chakras dépend de notre état de santé physique et psychique. Elles exercent un véritable pouvoir sur le corps et l'esprit.
Cependant c'est sur le mouvement de la vie qu'elles offrent leurs véritables dons si nous y acheminons consciemment le souffle, sur les antennes du cerveau.

IMPRÉGNEZ-VOUS DE VOTRE ARC-EN-CIEL

LES couleurs vives et légères, comme ensoleillées, pénètrent nos cellules de leurs bienfaits. Lourdes, sombres ou trop pâteuses, elles ternissent la vitalité; risquent d'engluer l'énergie.
Pouvez-vous dans la nature discerner clairement chacune d'entre elles? Essayez les yeux fermés de les retrouver au fond de votre regard – l'une après l'autre.

• Découpez sept cartons. Peignez chacun d'une des couleurs de l'arc-en-ciel, comme elles se présentent: dans l'ordre ou le désordre, et selon vos goûts, vos affinités.
Votre palette est, elle aussi, légère et lumineuse. Mais: éprouvez-vous un plaisir particulier, une aversion, pour peindre ou regarder une de ces couleurs?
• Et maintenant, mettant à bonne distance les autres cartons, rapprochez le rouge. Les yeux mi-clos, caressez-le du regard – tout en accompagnant le mouvement de la respiration – entre gorge et nombril, entre nombril et gorge.
Laissez-vous le temps de «photographier» la couleur. Clignez souvent les paupières pour détendre les yeux.
La mémoire sensorielle ne fonctionne qu'en état de relaxation...
Repoussez ensuite le carton rouge et «revoyez»-le, projeté au fond du regard sous la forme vivante d'une tomate mûre, d'un coquelicot, d'une petite fille qui court et dont la robe rouge vole au vent.
A la fin passez la paume d'une main ouverte à quelques centimètres du front, pour renvoyer le rouge au fond de la mémoire.
• Rapprochez le carton orange. Remplissez-vous à l'inspiration des vibrations propres à cette couleur.
A l'expiration, diffusez-les dans tout le corps.
Restez en contact avec l'orange jusqu'à ce qu'il inonde vos yeux ouverts – ensuite qu'il tapisse l'intérieur de vos yeux fermés...
Voyez sur une colline trois arbres couverts d'oranges... vous êtes en train de cueillir un bouquet de soucis, un potiron bien mûr...
Éloignez le carton; et passez la main ouverte à quelques centimètres du front pour envoyer l'orange au fond de la mémoire.

• Rapprochez le carton jaune. Prenez le temps de le mémoriser sur une respiration calme et profonde.
Imaginez, visualisez la couleur vivante et en mouvement... engrangez-la et diffusez-la.

A chaque couleur d'offrir ses dons. Le rouge et l'orange réchauffent et dynamisent. Le jaune d'or, lui, apaise mental et émotions.

Si l'expérience vous a fatigué : bougez, étirez-vous, bâillez sur le mode d'un barrissement ou d'un moteur à explosion !
Ensuite frottez vos mains l'une contre l'autre pour les magnétiser. Et les doigts recourbés, posez la paume gauche, creusée en coquille, sur l'œil gauche ; puis la paume droite sur l'œil droit. Opérez avec douceur. Le souffle guidé jusque dans vos mains détend les yeux, le front, le sommet de la tête.
• Avant d'approcher le carton vert, déposez votre corps sur ses surfaces d'appui : avec quelques agréables soupirs, détendez-vous. Intégrez le vert dans le regard extérieur. « Voyez » ensuite vibrer tous les verts d'un lieu de la nature ; absorbez-les pour vous en nourrir.
• Le bleu du carton maintenant : et celui du ciel, dans lequel courent quelques nuages floconneux... Quittez les nuages ; habitez votre regard de ce bleu lumineux. Répandez-le en vous comme un manteau lumineux.
• Procédez de la même manière pour l'indigo : sorte de bleu prune foncé et violacé.
• Enfin après avoir rapproché le carton violet, libérez-en les énergies. Et pour qu'elles en gardent la mémoire, colorez de violet toutes les cellules de votre être.

Le bleu et l'indigo aident à la pondération, à l'équilibre de l'être. Le violet, lui, est lié à la profondeur créatrice et à l'intériorité.

Aveugles et mal-voyants, si vous avez dans le passé connu la lumière, votre mémoire l'a enregistrée.
Alors corps et mental détendus : imaginez-vous abrité sous un

arbre au feuillage protecteur – pendant qu'un rideau de pluie vous cache l'horizon. Mais l'ondée s'éloigne ; et les formes du paysage, encore indécises dans la grisaille, commencent à se dévoiler.
Regardez ! A gauche et au ras du sol s'élève une bande rouge qui monte, arrondie, jusqu'au ciel. Puis redescend se planter dans la terre, à droite.
Suivez sur toute sa trajectoire cet arc rouge.
Une bande orange se forme à son tour à gauche et juste au-dessous du rouge, sans qu'on puisse les confondre.
Elle est en train de se jeter en l'air, et d'épouser le rouge pour redescendre à ses côtés.
Accompagnez l'orange sur tout son parcours. Inspirez sa couleur dans sa courbe ascendante ; puis soufflez-la en vous quand elle redescend à droite.
A la fin réunissez dans la « vision » et la respiration les deux couleurs bien distinctes.
Accompagnez-les attentivement : ne vous lâchez pas...
Chaque fois, rajoutez une couleur à la courbe jetée dans le ciel : jaune, verte, bleue, indigo.
Partez du pilier que l'arc enfonce à gauche ; et sans fracture rejoignez à droite la terre dans laquelle on dirait qu'elle enfonce ses autres piliers.
Quand le violet achève sa course, vous quittez l'abri de l'arbre.
Les mains tendues en avant, comme un enfant ébloui, vous cueillez les couleurs et les déposez sur votre poitrine.
Vous êtes devenu clairvoyant.

Les couleurs de la nature, de la vie, sont transmises par les particules de lumière qui circulent en toute liberté dans le cosmos.
Notre soleil est un de leurs relais.
Les antennes du cerveau mues par les pensées et les désirs consciemment orientés – et sur le souffle messager – atteignent les vibrations colorées, correspondant aux qualités émises.

• En réalité ou dans l'imaginaire, rejoignez dans la nature un endroit coloré, harmonieux... ou choisissez un lieu, un édifice sacré – s'il vibre pour vous à des longueurs d'ondes plus élevées. Réunissez là, en esprit, tous les éléments qui assureront les conditions idéales d'un profond bien-être.
Votre regard intérieur en détermine la région, l'ambiance – mais aussi les formes et les couleurs qui en constituent le décor vivant.
Prenez le temps d'écouter les sonorités ; elles aussi propagent la vie autour de vous : vent, oiseaux, cloches, sources ou vagues de la mer...
Ressentez la qualité du sol sur lequel vous vous êtes installé, la douce chaleur d'un rayon de soleil sur votre peau.
Cet environnement parfaitement amical restaure, tout naturellement, sécurité et confiance.
Avez-vous prêté attention à la qualité de l'air que des parfums mêlés embaument ? Respirez à petites bouffées, jusqu'à ce que vous en découvriez l'origine.
Sur le chemin du retour, poussez la porte vermoulue d'un vieux jardin laissé à lui-même – où ont poussé à foison fleurs et fruits de toutes les couleurs.
Vous marchez à leur rencontre, et vous penchez pour les respirer.
Prenez le temps de choisir et cueillir une fleur de chaque couleur.
Composez un bouquet original et personnel.

Veillez à ce qu'aucun souvenir ou mémoire désagréable du passé ne vienne interférer.
Exercez-vous encore. Bien que toutes soient constituées de lumière : force vitale et rayonnante – chacune a sa « spécialité ».
Il vous suffit d'une mise préalable en alpha pour qu'elle vous la révèle et vous l'offre.

Les couleurs de la vie

• Décidez de vous accorder un moment d'attention.
Négociez clairement le temps pendant lequel vous acceptez de lâcher vos occupations. Pénétrez alors les arcanes d'une profonde relaxation.

• Bientôt votre corps pèse sur le sol par ses surfaces d'appui ; appréciez la qualité des sensations éprouvées.
Sur quelques longs soupirs, vous enfoncez dans une agréable détente.
Retrouvez le rythme tranquille de votre respiration.
De toute votre attention paisible suivez le cheminement de l'air – que vous accompagnez tout au long de son parcours.
Il monte jusqu'à la gorge : ouvrez-lui cette porte pour qu'il puisse étendre ses énergies les plus subtiles jusqu'aux cellules du cerveau. Il les mobilise et les vitalise.
Les yeux fermés vous vous détachez des sollicitations du monde extérieur.
Bercé par le souffle vous êtes à la fois celui qui respire, et le témoin conscient de ce souffle.
Ainsi abordez-vous le centre de votre être qui ne reconnaît aucune des failles ou des angoisses de l'ego. Le corps tout entier se détend et respire, en alpha. Vous pouvez alors ouvrir des chemins jusque-là inexplorés.
La respiration demeure votre sécurité et vous relie à vous-même.
Le corps qui reposait sur les énergies de la terre y a puisé ses forces tranquilles.
• Dans l'imaginaire, vous vous levez : bien planté dans vos pieds, longuement étiré.
Devant vous se dessine un sentier en partie enfoui dans les arbres.
L'envie vous prend de vous y aventurer. L'ombre alterne avec d'éblouissantes clairières – où la lumière éclate en bouquets de couleurs.
Prenez le temps de les regarder.

Si vous avez du mal à « voir » ces éléments colorés de la nature, à les imaginer : simplement nommez-les : « Un arbre vert, des framboises rouges, le ciel bleu... », le cerveau s'en arrangera.

• Sur le chemin, une brise légère ramène à vos narines une odeur appétissante de pain grillé.
A la croisée de quatre chemins en étoile, des bûches flambent et

crépitent. Près du foyer les flammes s'élèvent en lumière orangée.
Les braises sur un large lit rouge palpitent encore.
Humez dans l'air embaumé couleurs et parfums entremêlés.
Vous dégustez ces énergies chaudes : rouges, oranges. Elles accroissent votre dynamisme ; mobilisent votre attrait pour l'existence.

• *La forêt s'est éclaircie ; puis s'arrête à la lisière d'un champ de genêts et d'ajoncs fleuris. Sur plusieurs respirations, pénétrez cet espace ensoleillé.*
Les pensées collantes ou diluées dans un brouillard mental sont absorbées dans ce jaune odorant où vous plongez vos narines.

• *Une clairière d'herbe tendre vous fait craquer. Et vous voilà à plat ventre, en train de caresser la terre.*
Vous aspirez à petites bouffées, comme si vous tétiez sa couleur et son parfum.
Accueillez dans vos poumons largement ouverts l'expansion pacifique et les joies offertes par le vert terrestre.

Maintenant et pour quelques instants quittez la visualisation et revenez à votre corps, à sa présence concrète dans votre contact au sol. Vous êtes la structure solide et stable de votre propre édifice – au milieu duquel le souffle conscient vous rassemble.

• *Ensuite serrez les bras et les jambes, comme des parallèles le long du corps. Resserrez les épaules, la poitrine, le dos, le ventre et les fesses.*
Crispez tout le visage et les mâchoires.
Continuez à tendre le corps aussi fort et longtemps que vous le pouvez – tout en laissant pendre la tête sur le cou, en souplesse.
Enfin relâchez tout à la fois sur de profonds soupirs de détente…
Plus vous tendez les muscles et les nerfs, plus la relaxation qui suit est profonde – à la condition de ne jamais dépasser votre mesure ou provoquer la douleur.
Un souffle léger diffusé dans tout votre être lave les dernières ombres, dilue les tensions du mental. Profondément détendu, laissez-vous porter sur vos ondes alpha.

Cerveau et système nerveux vont à nouveau prendre pour argent comptant ce que vous imaginez et vivez comme réel.
• Revenez à la clairière ensoleillée. Roulé sur le dos, vous découvrez un ciel que le soleil a déserté.
Non ! ne détournez pas votre regard. Attendez-le. Il est là, juste de l'autre côté des nuages.
Le gris nappe le ciel en son entier... ou presque. Car il n'a pas le pouvoir d'absorber la petite tâche de lumière qui l'a troué. Il suffisait de tourner la tête et d'y croire, pour plonger le regard dans son bleu intense. Sa qualité emplit votre respiration, votre esprit d'un sentiment profond de paix.
• Le soleil a baissé sur l'horizon. Il embrase un mur de vieilles pierres roses. Dans leurs interstices ont poussé des touffes de petites étoiles violettes. Appuyé aux pierres chaudes, longuement, vous respirez le cœur de ces fleurs... votre voyage s'achève ; et ces vibrations violettes vous ont relié au plus intime de votre être.

Et même auriez-vous des difficultés à « voir » certaines couleurs, il vous suffit de les évoquer ; de les appeler par leur nom, pour que le cerveau et le système nerveux s'orientent sur leurs espaces colorés et en captent l'énergie.

• Au fond du regard et les yeux clos, rêvez éveillé en couleurs : de pays lointains, d'amis absents aux yeux verts, bleus ou châtaigne. Situez-les dans un environnement d'arches colorées...
Dans la réalité extérieure ou sur un livre, regardez la rosace ensoleillée de Chartres, d'une antique mosquée... et gorgez votre souffle, votre présence sensible de leurs couleurs éclatées.
Vous vous mettez à vibrer sur toutes leurs couleurs.
• Vivez en couleurs. Peignez-les. Au-delà de la platitude des jours, des ondes de souffrance ou de solitude, bâtissez-vous ce monde bénéfique dans lequel puisera votre cerveau pour vous ramener des forces et pourquoi pas : de la joie.
Et maintenant avec toutes les couleurs de l'arc-en-ciel, mais aussi avec le brun de la terre et le gris des nuages, peignez cette promenade où vous avez rencontré feu, fleurs et ciel.
Ensuite, créez un vitrail à vos propres couleurs de lumière.

Et puis cherchez la minuscule tache bleue... vous ne pouvez pas la manquer!

Colorez et chantez vos centres vitaux

• *Étendu ou assis, posez vos vertèbres dans leur alignement: les unes sur les autres.*
Ressentez la présence de votre corps dans l'espace qu'il occupe.
Après avoir chassé tensions et préoccupations sur de profondes expirations – vous reposez sur la «terre mère» qui vous porte, vous soutient.
Branché sur votre respiration, laissez-la vous bercer sur l'ampleur de ses mouvements.
Ne freinez pas l'air à son passage dans la gorge; mais laissez-le s'écouler. Il vous ramène à votre intériorité.
Corps et mental apaisés s'endorment – ouvrant le passage à l'esprit qui, lui, s'éveille et s'éclaircit: fluide et subtil. Vous êtes en alpha.

• *Glissez sur votre attention jusqu'au périnée et sur l'expiration.*
Localisez ainsi ce lieu racine: sensibilisez-le.
Le centre vital qui vibre là anime vos forces terrestres.
Dans le feu de ce dynamisme potentiel, il tourbillonne en rouge.
Alimentez sa puissance en respirant dans le rouge du coquelicot, de la robe rouge de l'enfant qui court, d'un fruit... inspirez leur couleur et soufflez-la dans le périnée – progressivement tapissé de rouge.

En baisse d'énergie, respirez plus fort pour stimuler votre vitalité physique.
Mais si vous êtes «au rouge» puisez dans une couleur fraîche et légère.
Elle défera les tensions.

• *Remontez avec l'air jusqu'au nombril – juste en dessous de la fracture de naissance.*
Accordez-vous à ce centre vital qui tourbillonne en orange.

Telle l'abeille qui aspire le pollen d'un souci, d'une capucine, d'un œillet d'Inde... sucez l'orange.
Par la pensée et l'expiration envoyez ses ondes dans ce chakra qui leur correspond.
Laissez le temps aux cellules de se gorger d'orange.
Sa couleur accroîtra vos forces et vos désirs de réalisation positive.

- *Et maintenant portez vos mains au plexus solaire dans l'intention de pacifier les rancunes, les obsessions du mental, les charges émotionnelles stressantes.*
Respirez dans le jaune d'une prairie perlée de boutons d'or.
Engrangez leur richesse illuminée.
Votre cerveau décrypte les qualités correspondant à leur longueur d'onde particulière.
Au jaune correspond le calme des pensées, les émotions pacifiées, les échanges positifs avec soi-même, avec les autres.
- *Le vert abonde sur la terre. C'est lui qui épouse la couleur du centre vital situé dans le haut des poumons.*
Le voyez-vous : étalé ou en pointillé sur les feuilles larges et menues de la forêt... tendre, peut-être irisé encore de gouttes de rosée.
Emplissez vos poumons d'un air chargé du vert de tous les printemps.
Éprouvez le bien-être de partager cette vie naturelle ; élargissez votre horizon...
Ainsi pourrez-vous en toute sécurité animer de souffle et de vie tout ce que vous embrassez.
Ralentissez le mouvement respiratoire.
Expirez maintenant dans le cœur.
Le vert enrichira ainsi et stabilisera votre vie affective sentimentale.
Prenez le temps d'expérimenter les effets du vert dans le centre où il tourbillonne.

Vous êtes monté le long de la colonne vertébrale, du périnée aux poumons, et du rouge au vert – évoluant ainsi sur des forces terriennes. Bien posé sur ces assises, vous pouvez maintenant vous tourner vers les énergies hautes. Elles stimuleront l'évolution de votre être, son unification : bleu, indigo, violet.

• Il vous suffit de vous étendre. De regarder ou d'imaginer le ciel un jour où il s'est revêtu de bleu profond.
Vos doigts caressent la gorge; massent légèrement ses longs muscles.
Sous vos mains vibre la musique de l'air.
Les particules de ce centre vital ont la couleur de ce bleu.
Puisez en lui la qualité d'une voix – la vôtre.
Elle s'exprime bientôt de façon claire et juste – manifestant ainsi vos propres messages.
Sur cette lumière bleue, la paix intérieure s'installe.
• Au milieu du front, entre les sourcils tourne l'indigo; centre d'éveil de la conscience. Il a pris la couleur du ciel au moment où la nuit descend dans sa calme profondeur (prune, aubergine...).
Paupières closes et pour quelques instants, portez légèrement votre regard vers ce centre – pour l'éveiller et le stimuler.
Ensuite bougez les ailes du nez pour inspirer le maximum de la couleur.
Imaginez ensuite que vous dirigez ce flux d'indigo au milieu du front.
Mélangez maintenant toutes les couleurs dans le souffle – jusqu'à ce qu'elles se fondent en un blanc doré et vous habille de lumière...
Voyez au-dessus de vous une boule en forme de cœur.
Née de la rencontre entre toutes les fréquences, elle émane de la source lumineuse.
Votre souffle chevauchant alors son rayon d'or le ramène jusqu'à vous.
Éprouvez la chaleur et l'amour qui émanent de votre propre cœur.

Couleurs et sons vibrent sur la même longueur d'onde. Aux sept chakras correspondent les sept couleurs de l'arc-en-ciel, mais aussi les sept notes de notre gamme. Augmentez donc la vitalité et l'harmonie de chaque centre, en fredonnant la note qui lui correspond : le rouge et le do, l'orange et le ré, le jaune et le mi, le vert et le fa, le bleu et le sol, l'indigo et le la, le violet et le si.

CHANTEZ DES NOTES COLORÉES

Pour clore la fête du printemps, il y a eu un lâcher de ballons.
Longtemps vous suivez dans le ciel l'envol de tous ces points brillants.

Mais le vent vient de tomber ; et quelques retardataires redescendent au ralenti – puis se balancent à hauteur du regard. Vous arrivez à en saisir un rouge entre vos mains. A l'inspir, pompez l'air dont il est rempli : à l'expir, bouche largement ouverte, soufflez ensemble le rouge et le do que vous fredonnez... ensuite envoyez le rouge et la vibration du do dans la zone du périnée – plusieurs fois.
Visualisez clairement le ballon orange que vous venez d'attraper. Aspirez son air coloré, et soufflez-le en ré dans le ventre.
Vos mains posées sous le nombril sentent vibrer la sonorité de la note.
A deux mains, vous pressez contre le plexus solaire un ballon jaune.
Imaginez qu'il le pénètre, vous offrant alors un spectacle intime « son et lumière ».
Sentez résonner le mi dans la cavité basse des poumons.
Soufflez en fa et en vert un mot qui vous fait plaisir, dans le haut de la poitrine.
Faites éclater un sol dans la gorge, après avoir aspiré le bleu d'un nouveau ballon.
L'indigo sonore, en la, et au milieu du front... le violet et le si au sommet de la tête.
A la fin, portez votre regard vers l'infini du ciel : et cueillez une étoile.

La musique des sphères

Encore une histoire de fréquence ! La planète, disent les physiciens, vibre sur la même longueur d'ondes qu'une personne profondément relaxée. Ces ondes émanées du cosmos maintiennent toutes les formes de vie dans son rythme fondamental.
La musique des sphères est une réalité scientifique, puisque toutes ces vibrations produisent des sons – le plus souvent inaudibles pour nos oreilles humaines. Elles interfèrent éternellement en résonances harmoniques... mais aussi, un « beau » concert de chant choral, celui qui émane d'une nature vivante et harmonisée – s'accordent avec les lois uni-

verselles: et restaurent l'équilibre organique, le calme du mental, la paix de l'esprit.
Ceux qui vibrent sur les mêmes longueurs d'ondes sonores pourraient bien être en train de s'exprimer en langue universelle.
La pensée, le souffle et le son, s'ils étaient alliés en une vibration très élevée, acquerraient une puissance telle qu'ils transformeraient le chaos et la guerre en ondes de sagesse et de paix, dans tout l'espace qu'occuperait leur rayonnement. Le son lui aussi est un produit du soleil; une énergie qui, émanée du souffle, se déplace sur l'air. Devenu communication et parole, il détient alors une charge énergétique dont il faut tenir compte.

Le son à tous les échos

Mais comment le souffle s'y prend-il pour produire des sons ?
Prenez l'exemple de deux fibres de bambou posées l'une contre l'autre. L'air qui passe entre elles les fait entrer en vibration.
Les cordes vocales: muscles de la gorge en position droite d'équilibre, vibrent au contact de l'air. Comme pour les fibres de bambou, il passe à gauche et à droite du point d'équilibre. La totalité de ce mouvement périodique produit le son.
Mais aussi: les formes primitives de communications sonores les établissent encore à coups de bâtons entrechoqués, battements des mains, martèlement de peaux tendues ou bois évidés et troués.
Certains musiciens, danseurs et assistants peu à peu galvanisés rythment leur corps et les sons sur le tempo de la nature environnante, celui des animaux ou des dieux.
Les chamans, les sorciers rassemblent ces forces multipliées et les orientent vers les énergies qu'ils captent – selon les intentions pour lesquelles le rituel se déroule... la pluie, la guérison, la chasse...

Nous traversions une portion de jungle sans faire le moindre bruit – du moins pour nos oreilles occidentales.
Nos vies dépendaient de ce silence.
J'ai encore dans les oreilles le son lanscinant des tam-tams qui rythmaient nos pas et les précédaient, annonçant notre passage et le sort qu'on nous destinait ! Le son porteur de messages auxquels nous ne pouvions pas échapper résonne encore clairement dans mes oreilles, et provoque la même angoisse viscérale !
Certains instruments, la voix surtout, traversent chaque atome du corps s'ils sont intenses – opérant ainsi un massage interne qui désorganise ou réharmonise l'équilibre de l'être tout entier.
Hélas ! les bruits aux sonorités perturbatrices atteignent eux aussi le cerveau et le système nerveux. Ils constituent un facteur de stress redoutable de notre modernité. Leur action déstabilise l'ordre qui doit régner entre toutes les cellules de l'organisme.
La peau elle-même absorbe les sons.
Vous êtes à la fois instrument récepteur et émetteur.
Choisissez donc, pour les écouter ou les vibrer, des rythmes, des chants et des mots qui accordent entre eux toutes les parties de votre personne.
Associez-vous au vent, à la mer, aux oiseaux...
C'est la qualité respiratoire qui assure le lien entre l'air et vous-même.
Dans tous les espaces du corps, c'est le langage sonore qui se module et se tisse, selon vos choix.

Le corps sonore

Par la respiration, commencez à explorer la cavité du bassin.
Placez la voix très bas sur l'expir.
Le son grave résonne dans tout le ventre.
Sentez vibrer le « ou ou ou... » dans les paumes de vos mains.
Appuyés sur ces fondations, les poumons à leur tour font le vide.
L'inspiration permet alors l'expansion des côtes.
L'air remplit le ventre, la cavité centrale.

Libérez-le en poussant sur les côtes.
Écoutez-le s'épanouir en émission sonore sur des «ou ou ou...» prolongés... ressentez la saveur de votre expression vocale, unique au monde.
Le ventre et le bas de la poitrine résonnent maintenant dans la liberté créatrice du souffle.
Ils vont permettre à l'amplitude de l'expression vocale de s'expanser vers le haut.
Inspirez sous les doigts posés au contact des clavicules.
Videz ensuite le haut des poumons sur des «ou ou ou» qui montent dans la gorge puis la nuque, atteignent les lèvres puis le visage tout entier.
Ils reviennent au cœur où le son, naturellement, s'associe aux vibrations affectives.
L'air enfin achève son périple dans la cavité de la tête qu'il remplit.
La respiration cérébrale associée aux sons agit sur les facultés de concentration.
Elle favorise la mémorisation, active et clarifie le mental.

Sans que son propriétaire en soit toujours conscient, sa voix révèle son état intérieur : tension ou détente, pensées et désirs bienveillants ou agressifs, souvent atones... ou presque ! Elle lance un pont entre la personne qui s'exprime et le monde extérieur.
Tous les éléments naturels, de la pierre au fruit, vibrent dans un rythme qui leur est propre. La terre parle à l'oreille de l'Indien qui l'écoute, penché sur elle. Chiens, abeilles... entendent des ultrasons, inaudibles à la sensibilité humaine.
Des matériaux eux-mêmes : la pierre, le bois, conservent imprimée une mémoire sonore. On peut se recharger en énergie dans certains lieux de cultes anciens, si les prédateurs n'ont pas effacé la qualité vibratoire dont ils étaient imprégnés.
D'autres lieux, des maisons, conservent les vestiges de dissensions graves, d'actes cruels ou de suicides. Ils résonnent encore en des fréquences très basses. On y éprouve parfois un malaise indéfinissable.

Mais aussi, les danses rituelles ou régionales, par la répétition rythmée des pas, du souffle et des sonorités, fatiguent les muscles et les bandent dans les temps forts; relâchent les tensions et endorment le mental dans les temps faibles.
Elles mettent les danseurs dans un état proche de l'alpha, où le cerveau régularise son propre tempo.
C'est le rôle aussi du martèlement des tambours. Ils anesthésient la peur des guerriers qui s'apprêtent à combattre, déclenchant ainsi les comportements hypnotiques souhaités.
Le rock lui aussi, dans ses rythmes très accentués à deux ou quatre temps, stimule certains centres vitaux – à moins qu'il ne les exacerbe, les tronçonne.
Ainsi nos cellules, toutes habitées d'un grain de lumière, sont-elles des capteurs d'énergies colorées et sonores.
Nous pouvons les saisir et les orienter selon nos choix, à la condition d'y investir notre corps: instrument sonore plus précieux encore qu'un stradivarius – s'il exprime la sensibilité personnelle et universelle, qu'aucun mot ne pourrait atteindre et retransmettre.

LE CHANT SECRET DE VOS OREILLES INTÉRIEURES

• *Avant de vous endormir, rythmez une comptine.*
Chantez en silence la mélodie de mots en ritournelle, sans queue ni tête.
Ils berceront l'organisme, déferont les nœuds et les vagabondages du mental, la compression du cœur.
Comme l'enfant en vous, inventez des mots à l'instant même où vous les chantez en mélopées qui expriment vos sentiments émergés d'une profondeur inédite – parfois interdite...
Enfin dans vos oreilles intérieures naît le chant secret des arbres, des vagues, le murmure ensorcelé du cœur...
Méditez ou priez sur une cantate, du grégorien, un chant...
• *Écoutez votre silence. Uni à votre souffle, entrez dans ce mystère vivant: vous inspirez... et vous êtes inspiré. Par qui, par quoi?*
A la fin d'une expiration, attendez une ou deux secondes avant

d'inspirer : instant privilégié de transition, où dans votre propre intimité vous écoutez votre silence. Entrez en écho avec vous-même.
Si vous acceptez ainsi d'être vide, dépossédé de cette nourriture essentielle qu'est l'air : alors dans la prochaine inspiration jaillira une qualité de présence qui vous comblera.
- *Émettez le son dans tous les espaces du corps.*

Réglez en vous-même débit et intensité : fort en vos assises, subtil vers les hauteurs. Exercez-vous à varier les sons en altitude, à les moduler – tout en les remplissant d'intentions bienfaisantes...
Prenez le temps de les goûter.

La façon dont quelqu'un équilibre sa respiration témoigne de sa relation à lui-même, aux autres : à la vie elle-même. Celui qui inspire l'air comme s'il était en manque permanent – à petites bouffées haletantes ou à grandes foulées – cherche-t-il à combler une absence ?
Et celui dont les expirations n'en finissent pas de se vider n'arrive pas à lâcher ce qui l'opresse – à moins qu'en soupirs prolongés il ne manifeste un appel à l'aide, ou bien une mise à distance des événements, des personnes. Et que met-on en réserve, en attente, dans les rétentions prolongées ?
Expérimentez par vous-même.
Que manifeste et transmet votre souffle sonore ?
Écoutez son langage inarticulé qui en dit long sur vos désirs conscients et inconscients, sur votre état intérieur.
Cependant c'est vous le chef d'orchestre, vous qui répartissez et assemblez voix et instruments sonores, selon les partitions choisies.

Les voix d'avant notre naissance

Les bruits dans le ventre maternel nous ont introduits dans son univers sonore.
Les voix « off » elles aussi : celles des parents et de leur environnement ont établi avant la naissance une communication faite de précautions et de tendresse – ou bien d'un abandon dépressif, d'une rupture fracassante.

Nous fûmes le fruit ensoleillé d'un bonheur organisé ; ou le fruit acide d'une absence, d'un morcellement, d'un rejet.
Toutes nos cellules, elles, s'en souviennent. Et à l'arrivée, quelles espèces de vibrations enregistra encore notre mémoire cellulaire : exclamations trop fortes, portes claquées, cliquetis d'instruments métallisés... ou inflexions feutrées, chaudes et reconnues dans notre univers déjà familier ?
La qualité sonore participe chez le nouveau-né à sa plénitude ou à son désarroi angoissé. Caresses et douces modulations, ou soins anonymes et sèches injonctions établissent chez le bébé les bases de sa relation à lui-même, au monde extérieur.
Plus tard il gazouille.
Et dans cette légère distance où il s'écoute vocaliser, l'enfant continue à se mettre au monde. Il charge ses appels de sens ; et selon les réponses apprend à déployer sa vie ou à la rétracter. Son cerveau reçoit les diverses tonalités, inflexions, et les décrypte – imprimant surtout la signification affective à laquelle le message phonétique est lié.
Certains mots eux-mêmes dont nous avons perdu la mémoire originelle vibrent encore des saveurs, des rythmes et des chants liés à des instants de bonheur ou de malheur : philtre à épanouir le langage, ou butoir sur lequel la communication cogne et fait mal ?...
Dès que l'enfant ouvre son territoire à ses semblables il partage leurs mots, les mélange et les engrange dans son expérience.
La qualité sonore de ses échanges et de ses exploits le nomme et lui donne sa place, si tout se passe bien.

EXPRIMEZ VOS ÉMOTIONS

EXTÉRIORISEZ vos émotions sur tous les registres de vos instruments sonores.
Les dégager vous libère des tensions les plus archaïques : le monde sensible fut longtemps le seul auquel l'enfant eut

accès. Exclamez-vous sur des onomatopées vibrantes, des interjections.
Manifestez ainsi la colère, la peur, l'admiration, le plaisir ou le dégoût : «hou... là là... bof... ouf... vlan... youpi...» et les expressions de la langue verte !
Sur l'expiration elles explosent en tonnerre, éclatent en rire, roulent au fond de la gorge ou susurrent sur une brise légère. Mais aussi habitez les énergies de mots choisis.
Trouvez trois chansons, ou inventez-les.
L'une vibre dans la profondeur du ventre : elle porte la vie.
La seconde dans le plexus solaire, elle l'embrasse. Et dans le haut de la poitrine, la troisième parle du cœur...
A la grande école l'enfant apprend à communiquer, à partager sur un mode de plus en plus intelligible et diversifié.
Son moi se construit aussi aux matériaux du langage dont il structure son intelligence faite, jusqu'ici, de savoir-faire.
Mais il ne faudrait pas le prendre pour une machine enregistreuse, un distributeur automatique.
Il a besoin d'échanges affectifs avec ses éducateurs et ses maîtres.
Une voix chaude et valorisante qui s'adresse à sa personne tout entière le stimule et le sécurise.
Les petits ont besoin de baigner dans une résonance d'amour.

Rythme et chant personnels

Aucune vibration émise par le larynx ne peut atteindre son véritable objectif, si le corps est bloqué.
La qualité d'un son intentionnel exige la détente du cou, des épaules et du dos.
Avant de parler, de chanter – pour que votre message soit reçu : relaxez-vous.

• *Posez les mains sur le plexus solaire ; et laissez les tensions s'apaiser dans le balancement de l'air qui va et qui vient.*
Vous l'accompagnez de votre présence.
Pour approfondir la détente et lâcher le mental, focalisez l'attention sur vos mains posées maintenant de part et d'autre du corps, paumes ouvertes vers le haut.

Vous allez rythmer votre respiration avec l'ouverture et la fermeture des doigts.
Pendant toute la durée d'une expiration, pressez progressivement les doigts au creux des paumes.
Dès que vous inspirez, desserrez la pression des mains. Détendez-les... expir et doigts pressés, inspir et mains relâchées : une douzaine de fois et sans solution de continuité. Vous commencez à voguer...
Ensuite à l'inspir serrez au contraire mains, bras, épaules et tout le haut du corps.
Dès que l'expir est amorcé, laissez couler l'air au travers des lèvres entrouvertes.
Accompagnez la détente du corps d'une expiration sonore.
Entendez la musique de l'air qui passe dans les tuyaux d'orgue des cordes vocales.
Variez les sons.
A la fin la gorge décontractée lâche l'air silencieusement.
En imaginaire vous déposez sur tout le visage un linge parfumé dans lequel furent pressées des fleurs fraîches.
Dans vos narines circule un air frais parfumé. Il est un souffle léger, diffusé dans tout l'organisme.
Il lave la fatigue et les ombres d'une mémoire tenace.
Le bien-être se répand dans vos cellules.
Écoutez votre respiration rythmée sur ses deux temps.
L'inspiration a les accents de l'expansion ; l'expiration celle d'une libération : prendre et donner... puis recevoir et donner encore...
Et maintenant au poignet, au cou, à la tempe ou dans la poitrine : cherchez les battements de votre cœur qui frappent votre tempo.
Son rythme vital est votre mesure personnelle de longévité.
Écoutez le souffle et le cœur épousés dans la plénitude intérieure.
Votre caisse de résonance est prête à accueillir le chant – si vous maintenez détendu le haut du corps.
Mais aussi relâchez les pressions du plexus.
Cessez de crisper le dos vers l'arrière – ou de gonfler les poumons comme une outre.
Laissez-vous glisser dans le flux et le reflux de l'air jusqu'à la gorge, le sommet de la tête.
La dévaluation ou l'inflation de l'ego ont alors perdu une place usurpée.
Votre présence au centre du souffle l'occupe tout entière.

Et maintenant, desserrez les lèvres et les dents, lâchez les mâchoires, libérez la langue… et, tout simplement, écoutez le son en train de glisser sur l'air… accueillez-le pour ce qu'il est.
Faites-lui crédit. Donnez-lui sa chance.
Chanter faux signifie que toutes les parties de l'être, les instruments de l'orchestre ne sont pas accordés.
Alors une main sur le ventre, l'autre sur la poitrine, rassemblez-vous.
Et puis chantez pour vous : tout ce qui passe dans le ventre, la tête et le cœur.
Sans aucun contrôle, écoutez-vous.
En duo, sentiments et chant mêlés ; sentez la solitude vous quitter.
L'indicible est peut-être en train de s'exprimer.
Fredonnez en marchant ; et dansez votre chant.
La qualité des sonorités est liée à l'équilibre du corps.
Ce sont les membres inférieurs et les bras qui assurent le mouvement, en sa pondération et sa grâce.
Vous ressemblez à un jeune arbre balancé par la brise.
Mais aussi dans les bourrasques et les intempéries qui l'agitent et le ploient, il garde sa souplesse et revient à la verticalité.
Il en est ainsi de votre arbre de vie !
La colonne vertébrale vous ramène à la stabilité par la mouvance du bassin.
Vous pouvez alors, et en toute sécurité, relâcher le haut du corps – et chanter sur des expirations où l'air qui porte vos intentions les exprime librement.

Dans la tradition bouddhiste, le travail sur le souffle se fait au travers des *nadis*, ou canaux énergétiques ; du *prana*, le souffle né de l'air en ses hauteurs ; et du *bindu*, la source de l'intention : c'est-à-dire le point de connaissance, d'énergie spirituelle qui réside au centre de la personne.
Le souffle guidé par les antennes d'une pensée créatrice, nourrie de sons et sur les fréquences que vous émettez alors, se dirige vers les pulsations solaires célestes qui lui correspondent.
Il vous revient chargé de fertilité et d'abondance.
Nourrie d'intentions positives et pacifiques, la respiration

ordonnera en vous ce qui était heurté ; fécondera le germe de votre divinité.

CORPS, RESPIRATION ET SONS

CHAQUE fois que vous associez consciemment le mouvement souple du corps, le rythme de la respiration et la vibration du son, la vie libérée de ses carcans vous restaure. Si possible, pratiquez debout et les pieds nus.

• *Il s'agit d'abord d'emplir le bas du corps de forces telluriques.*
Commencez par respirer dans le ventre pour y établir votre ressenti.
Pratiquez ensuite sur la marche.
A l'inspiration levez un pied, que vous reposez sur l'expiration, en commençant par le talon.
Vous éprouvez la sensation sécurisante d'enfoncer légèrement dans le sol.
Levez l'autre pied.
Quand vous le posez un peu plus loin, portez votre attention au contact du talon.
Il correspond aux assises stables de votre corps.
Continuez à avancer jusqu'à ce que le rythme respiratoire et les pas soient accordés.
Ajoutez alors sur chaque respiration et au moment où le talon touche le sol le son « a... a... a... » – que vous entendez résonner grave et puissant.
Prenez le temps d'associer de façon libre et naturelle le souffle, le pas et le son !
Et maintenant posez les mains sur le ventre à l'inspir.
L'expir les ramène vers la terre pour qu'elles en captent les énergies. L'inspir rapporte leur moisson au ventre – que les mains à nouveau contactent.
Vous avez donc associé à l'inspir : le pied qui se lève et les mains qui ramènent au centre vital du ventre les forces telluriques.
A l'expir : le talon s'ancre au sol sur le son « a... a... a... », tandis que les mains descendent au contact de la terre.

C'est un casse-tête chinois ? Occasion rêvée pour abandonner les pensées parasites, le vagabondage hors de soi.
Réalisez le fondu-enchaîné d'une séquence avant d'y associer la suivante.
Laissez le temps au cerveau d'intégrer ces informations.
Cette expérience renouvelée vous assurera dans vos entreprises ; alimentera vos forces vitales – à la demande.

- *Vous vous élevez d'un étage pour habiter de votre souffle le plexus solaire. Après avoir levé la jambe à l'inspiration, c'est la plante du pied qui la première touche le sol, fermement pressée. Elle est en relation avec cette zone médiane dans laquelle vient de s'établir votre respiration.*

Soufflez le son au moment où vous posez le pied.
Rythmez enfin la marche, le souffle et le son à l'aide des bras : ouverts à l'horizontale pendant que dure l'inspir, paumes vers le haut, pour capter les vibrations harmonieuses sur lesquelles vous vous êtes accordé... ramenés à l'expir sur le plexus solaire pour en nourrir la qualité de votre « moi » – tandis que la plante du pied se pose, poussée par le « o... o... o... ».
Intégrez l'enchaînement. Entrez dans le rythme de cette danse unique, la vôtre.

- *Enfin dans sa dernière étape, c'est sur l'inspir que le pas vous soulève sur les coussinets des doigts de pied.*

Élevant en même temps les bras en diagonale et au-dessus de la tête, vous vous tendez tout entier vers le soleil.
Dès que les bras, les doigts de pied redescendent sur l'expiration, c'est la voix et le chant qui s'élèvent dans le haut de la poitrine.
Votre être, en marche, s'est relié au rythme de la terre et du cosmos – dont il est issu.

Paroles de vie

Les mains posées sur le cœur, vous venez d'arrêter le mouvement et le temps ; de rendre muets la voix et l'espace. Alors dans cette vacuité, le souffle s'approfondit encore. Écoutez les paroles de vie émanées de votre propre

voix intérieure – reliées en vous à l'essence même de la sagesse et de l'amour.
Les deux pôles du cycle respiratoire sont traditionnellement mis en connection avec les deux solstices. La Saint-Jean, début de l'été, correspond à la hauteur maximale de la lumière... et de l'inspiration. Le solstice d'hiver relié, lui, à Noël, correspond au plus profond de l'expir et au maximum de ténèbres. C'est au moment où la lumière est en sa plénitude que la nuit va commencer à s'allonger – alors qu'au plus profond des ténèbres, la petite lumière recommence à croître.
Dans ce symbole incessant de la renaissance, nous pouvons nourrir la conscience du souffle d'espérance en la lumière, en la surabondance de la moisson : exactement au moment où l'ombre et les ténèbres sont les plus noires.
Quand nous sommes descendus au plus obscur de nos nuits, élevons le corps et le souffle vers la lumière du soleil. Il ne nous a jamais quittés.

CHAPITRE

6

Le souffle guérisseur

Tous, nous portons la guérison en nous. Sa substance émane du soleil; mais nous sommes l'éveilleur de cette énergie, donnée à qui s'y conjoint, s'il prend la responsabilité de se restaurer lui-même.

Le médecin, le soignant, aussi compétent et généreux qu'il puisse être, ne peut pas substituer son pouvoir au nôtre. Se guérir est une affaire qui concerne l'être tout entier. Ce n'est pas le contraire de la maladie, mais un véritable changement d'histoire intérieure: si nous le décidons pour nous-même, si nous l'expérimentons au cœur même du souffle.

Dans le mal-être, la maladie, c'est le corps qui fait effort pour se libérer des tensions et des agressions qu'on lui inflige. Il réagit aux dissonances qui bloquent ou distordent en lui la force vitale.

La capacité de bonheur : antidote au malheur

Pour qu'on cesse de lui nuire, il multiplie alors messages et appels au secours. Comment les entendons-nous?

En toutes circonstances il existe un antidote au malheur. Il existe une intelligence fondamentale enfouie dans la mémoire, et dont la fonction est d'assurer la pérennité de la vie et l'équilibre de toutes ses fonctions. Nous avons souvent perdu le contact avec la surabondance de nos ressources naturelles.

Quelles que soient les circonstances de la vie, nous portons en nous une capacité au bonheur – si nous le choisissons et le nourrissons. Il est à notre portée.

Il ne s'agit pas d'attendre passif ou révolté que le ciel nous tombe sur la tête, ni de lui prendre la main pour qu'il écarte chaque embûche du chemin et guide nos pas.

Tant que nous rendons les autres et les circonstances responsables de notre destin, nous leur attribuons un pouvoir illusoire. Nous ferions mieux de le reprendre à notre compte. Le miracle permanent habite en nous. Il est notre propre esprit. Chaque fois que nous optons radicalement

pour l'abondance intérieure, elle s'éveille au creux même de nos cellules.
En effet existe une cohésion dans chaque atome ; une cohésion entre leurs milliards qui nous constituent. Leur ordonnance tend vers l'harmonie. Ce sont les accidents de parcours qui provoquent un dérèglement organique. Ils en témoignent.
Loin d'être une machine sophistiquée, le corps est notre compagnon le plus intime. Arrêtons de le prendre pour un étranger qui parlerait un charabia incompréhensible – ou pour un ennemi dont nous soupçonnerions qu'il nous veut du mal. Mais il a besoin de notre participation pour s'orienter vers un fonctionnement optimal.
Les mécanismes biologiques oscillent en permanence entre deux pôles : la vie et la mort. Nous sommes une terre au rythme incessant de morts et de renaissances.
A chaque instant des milliers de nos cellules grandissent et s'épanouissent. Puis elles déclinent, avant de partir ailleurs animer d'autres vies en leurs formes nouvelles.
Chaque expiration consciente témoigne que nous acceptons ce dépouillement.
Et dans le vide : absence consentie, naît l'inspir porteur d'une vie nouvelle.
Le nombre constant de nos cellules raconte leur gestion minutieuse de notre capital – sauf en ce qui concerne les cellules nerveuses du cerveau. Celles-là meurent chaque jour par milliers et sans laisser de descendance. Ainsi s'est instaurée la croyance qu'en vieillissant il faut se résigner à la veilleuse.
Les neurones survivants s'inscrivent en faux : ils se comptent tout de même par milliards ! Si nous collaborons avec eux, ils ajouterons à leur pointure celle des défunts.
Leur intelligence et leur plasticité sont capables de gérer et d'assumer en plus de leurs propres tâches celles laissées pour compte. Elles le feront à la condition que nous-même les provoquions.
Aussi vieux qu'on soit il n'est jamais trop tard pour stimuler son cerveau en lui faisant expérimenter et mémoriser des apprentissages nouveaux.

Et même si le mental et le corps épuisés commençaient à relâcher l'existence terrestre, pourquoi s'abandonner? Commencez toujours par expirer longuement, amplement, dans l'intention d'évacuer les déchets toxiques. Pourquoi se raccrocher aux branches à moitié mortes?
Chacun, et jusqu'au dernier souffle, garde le pouvoir de développer la puissance de son esprit. Que nous en soyons conscients ou non la vie se manifeste en nous, pour une part importante, selon les programmes que nous lui fournissons.
Commencez toujours par expirer longuement, amplement, dans l'intention d'évacuer déchets toxiques et tensions. Le corps, qui manifestait sa réprobation d'être empoisonné, éliminera aussi les douleurs qui en témoignaient.
Cependant les véritables forces de guérison ne résident pas dans la matière ni dans l'ego: mais dans la présence à soi-même, au centre du souffle.

HABITEZ CHEZ VOUS

• *En fermant les yeux vous mettez le monde extérieur à distance.*
Pour retrouver vos propres fondations, commencez à vous enraciner à partir de vos surfaces d'appui.
Prenez le temps d'entrer dans les sensations que ces contacts provoquent.
Soyez votre propre guide intérieur pour accompagner la respiration.
Elle vous ouvre à votre espace intime: établit avec votre corps une relation confiante.
Si vous avez besoin de stimuler vos énergies, prenez davantage d'air: cependant ne tirez pas sur lui; ne le raclez pas au fond de la gorge.
Laissez-le longuement couler. Le souffle en vous est la vie même.
• *Et maintenant pour approfondir la détente et apaiser les conflits, puisez avec douceur à la source.*
Emplissez vos narines dilatées d'un air frais et léger; puis diffusez-le dans toutes les régions du corps.
Ensuite portez attention à vos mains. L'une repose sur votre corps.

L'autre s'élève, tranquille, et commence à bouger librement dans l'espace.
Regardez-la évoluer.
Pour mieux la situer et la sentir, accompagnez-la de votre souffle jusqu'à ce que vous ayez établi avec elle un lien de reconnaissance.
Avec ses doigts caressez la paume.
Ouvrez ensuite largement la main ; et suivez des yeux ses contours limités par la peau.
Parcourez ainsi chacun des doigts : comme des montagnes russes.
Et maintenant, seul le pouce vous intéresse.
Remuez-le doucement pour le personnaliser ; puis avec le médius créez une danse à deux.
Écartez ensuite et autant que vous le pouvez le pouce du médius – tandis que vous restez en contact extérieur et intérieur avec l'un et l'autre, par le regard et le ressenti.
- *Soufflez dans ces deux doigts. L'énergie circule dans leurs pulpes devenues partie intégrante de votre être.*

Ensuite et très lentement ils vont commencer à se rapprocher l'un de l'autre : deux amis éprouvant une émotion joyeuse à la perspective de cette rencontre.
Enfin les pulpes du pouce et du médius se touchent ; se reconnaissent en douces caresses – et créent en vous le sentiment d'une présence.
Chez vous il fait bon vivre !

Il ne s'agit plus seulement d'une gestuelle, d'un symbole, si vous avez ressenti les fruits de cette réunification chaleureuse. Dans les moments où vous êtes seul ou dans la détresse, que vous soyez « paumé » ou laissé pour compte : joignez consciemment pouce et médius – baignés d'un souffle né de votre cœur.

Les gardiens du corps

Depuis la nuit des temps le corps dispose d'auxiliaires précieux et de technologies perfectionnées pour se

protéger des agressions et des ennemis : microbes, virus, angoisse, états de fatigue... l'IMMUNITÉ.
C'est elle qui donne à l'organisme les forces pour résister aux assaillants.
Malheureusement et comme tout système de sécurité, aussi perfectionné soit-il, il a aussi ses faiblesses. Les voleurs le savent bien qui, pour « braquer » une banque ou un magasin, attendent d'en repérer les failles.
Le stress, notamment, rend si vulnérable que les bandits arrivent à déjouer barrages et veilleurs – après avoir paralysé les défenses naturelles.
Mais retrouvons nos deux anges gardiens : le cerveau et la respiration – dont le pouvoir de protection se double de celui de régénération.
Il est dans les fonctions du cerveau d'assurer la protection interne du territoire, d'en restaurer l'ordre. La respiration, elle, et selon la valeur de nos motivations, peut décupler les forces de guérison. C'est qu'elle exerce un impact puissant sur le cerveau en le stimulant – mais aussi sur la circulation du sang.
Le cerveau ensuite, et depuis son PC, la règle, évitant ainsi encombrements et bouchons.
Si le flux sanguin, prioritaire, arrive à destination – et jusqu'aux plus modestes cellules – pour les débarrasser de leurs poisons, les nourrir des substances vitales, c'est sur un autre itinéraire que voyage le liquide lymphatique : producteur en globules blancs.
Les voilà, les véritables « gardes du corps » : eux qui mettent à mal traîtres et envahisseurs. Et pourtant, en parents pauvres du système sanguin, eux ne disposent pas de pompe pour accomplir leur service autonettoyant.
Pour évacuer les poisons, ils n'ont que la ressource de la respiration et de l'activité musculaire.
Il est donc essentiel de respirer profondément et consciemment pour éliminer les agents pernicieux mis à mort. Mais aussi de stimuler ces globules blancs pour maintenir, recouvrer la santé ! (Eux ne sont que quelques milliers.)
Les effets de la respiration et du mouvement sont incondi-

tionnellement améliorés par la qualité des pensées et d'une affectivité positive. On ne peut dissocier le corps et l'esprit.

L'ÉNERGIE DE L'ARBRE

• Se pratique debout – sinon en visualisation.
Jambes écartées à la largeur des épaules, tournez légèrement pointes des pieds et genoux vers l'intérieur.
Basculez doucement le bassin vers l'avant – sans effort ni excès. Le poids du corps repose en souplesse sur ses appuis. On dirait que les pieds s'enracinent lentement dans la terre vivante. Le sommet de la tête, dirigée vers le ciel, est comme relié à lui par un invisible fil de soie.
Mains et bras s'arrondissent devant les yeux ouverts.
• Et maintenant imaginez que vous enlacez un arbre : ventre, poumons respirent à son contact (seul l'arbre est imaginaire... les mouvements bien réels !).
A l'inspir, puisez en lui la force de sa sève. A l'expir, sentez-la circuler dans vos propres racines et votre tronc.

Vous améliorez ainsi la qualité des échanges cellulaires et sanguins, mais aussi le « punch » des globules blancs. Cependant lâchez la posture avant de ressentir la fatigue. Dans la réalité, enlacez et embrassez les arbres, vous ouvrant ainsi à leur puissance bénéfique, ils vous régénèrent. Mais c'est par l'action du soleil et des rayons cosmiques que poussent les feuilles, mûrissent les fruits.

Tout en inspirant dans la poitrine, montez les bras en cercle et par les côtés – aussi haut que vous le pouvez. Puis portez le regard sur les doigts qui se sont rejoints au-dessus de vous.
Imaginez que vous atteignez ainsi une branche couverte de fleurs. Tapissez-vous de leurs subtiles énergies immatérielles. Elles aussi ont un pouvoir de régénération. Expirez en redescendant les bras sur les côtés. Ces mouvements simples mais exécutés avec attention et précision, ont entre autres la propriété de rééquilibrer le système nerveux sympathique et parasympathique : autrement

dit d'éliminer le stress et ses conséquences parfois désastreuses sur le système immunitaire.

- *Toujours debout bien planté et les genoux souples, abaissez une main. Respirez dans le ventre avec calme et vigueur. En même temps imaginez que vous respirez dans la main, paume dirigée vers le bas.*

Y prend forme une petite boule dense d'énergie aux couleurs de la terre.

Vous ramenez la main sur le bras du corps où la boule diffuse ses richesses.

- *L'autre main s'élève maintenant, paume tendue vers le ciel.*

La respiration s'est spontanément installée dans la poitrine. Vous inspirez comme en absorbant un rayon de soleil. Il tisse dans la main offerte une boule de lumière dorée.

Les deux mains se rejoignent au cœur. Et dans le souffle qui les soulève coule, unifié, le mystère apprivoisé du corps et de l'esprit.

Quel regard nous a enveloppé quand nous étions petit ; et dans quel creuset avons-nous été programmés, liés ainsi à l'expérience du bonheur ou de la douleur – sans que nous ayons rien choisi par nous-mêmes ?

Et si nous avions confondu cette infortune ou le malheur avec notre héritage véritable : pourquoi devrions-nous continuer à y souscrire – au lieu de revenir à nos sources ? Demandons-nous plutôt jusqu'à quel point nous avons envie de nous offrir d'autres perspectives. Ouvrons-leur les bras et elles transformeront le sens de la vie.

Rien n'est inéluctable ou définitivement joué, jamais. Et même si le mal physique s'avérait inguérissable : que savons-nous des potentialités du cerveau, de l'esprit sur la matière ?

Un cancer généralisé, un sida... n'ont aucun pouvoir sur l'aventure intérieure. Le souffle conscient nourri de présence, instant après instant, nous remplit d'une substance vitale que ne peut altérer la tragédie du corps.

Changez vos scénarios

Vous allez devenir l'auteur, puis le réalisateur d'un livret qui mettra en scène l'histoire nouvelle de votre vie. Vous avez décidé d'arrêter la répétition de certains comportements qui provoquent toujours les mêmes effets destructeurs.

• Prenez le temps de revenir à vous-même. Et pour mettre le monde extérieur et vos comportements à distance, fermez les yeux. Sentez la présence rassurante du corps, dans la réalité de ses assises.
Lâchez ensuite stress et tensions en commençant par refermer les doigts dans les paumes des mains, pouces à l'intérieur.
Serrez aussi longtemps et aussi fort que vous le pouvez. Puis relâchez sur de profonds soupirs de bien-être. Secouez les doigts ; laissez-les pendre au bout des mains. Plusieurs fois.
Pénétrez enfin votre propre intimité, en vous branchant sur le souffle qui vous berce... et vous berce.
Le mental apaisé, vous êtes libre de réaliser vos désirs, en pensée.
• Demandez alors à votre mémoire de vous restituer le souvenir d'événements, de personnes à qui vous laissez encore le pouvoir de réactiver en vous une incapacité, un mal-être.
Laissez-vous le temps d'en faire le tour.
Puis sur un papier et d'une écriture spontanée, laissez-vous raconter les circonstances dans lesquelles ces sentiments d'échec, d'impuissance ou de souffrance sont apparus – aussi loin que veut bien vous conduire votre cerveau... enfant, adolescent...
Donnez ensuite un numéro à chacune de ces situations, rencontres décrites.
Allez du numéro 1 : souvenir le moins envahissant, au 2, 3, 4... les numéros les plus élevés sont porteurs de la plus grande souffrance, du plus cuisant des échecs – ressentis peut-être comme destructeurs.
Les avoir ainsi cernés et remis dans leur contexte vous permet d'établir avec eux une certaine distance.
Écartez de vous ces papiers. Leur contenu ne peut plus vous investir tant que vous en restez écarté.
Vous êtes libre de poser les mains sur le corps pour y

cueillir le souffle ; pour offrir à votre esprit la découverte et la manifestation de votre désir véritable.

- *Et maintenant relisez la situation ou l'état problème décrit au n° 1. Mais comme nouveau metteur en scène, vous décidez de changer certains dialogues de ce « scénario ». Cependant votre contrat a été clairement établi : vous ne pouvez pas modifier les décors. Et vous devez jouer avec les mêmes protagonistes de ce passé.*

Assis dans votre fauteuil de metteur en scène – il porte votre nom – vous réglez le jeu des acteurs.

Chacun entre sur le plateau, exactement comme il est entré dans votre vie. Pourtant leurs rôles, devenus secondaires, ont pour mission de mettre en valeur la vedette – vous-même –, sur qui repose aujourd'hui le sens que vous donnez à votre pièce.

Dès que vous entrez en scène, les dialogues, votre relation aux acteurs, l'enchaînement des mouvements sont entre vos mains. Le jeu s'effectue autour de vous – et jusqu'à son terme.

Votre cerveau assiste en direct à la représentation. Il enregistre la succession d'informations nouvelles et entièrement positives que vous lui communiquez. Sur un plan opérationnel, le changement est amorcé.

Si vous avez du mal à transformer par l'imaginaire la réalité passée, commencez par en rédiger le script. Votre nouveau texte d'auteur, assorti des indications de jeu du metteur en scène, vont chambouler la place et l'importance de ceux qui vous entourent. Ils s'estompent même. Comme acteur vous prenez toute la dimension qui vous appartient.

La peur et l'effacement retournent dans les coulisses.

Le plateau leur est définitivement interdit.

Le dénouement, à partir d'aujourd'hui, vous appartient.

- *Ensuite visualisez-vous sur scène. Dessinez la position de chacun, les costumes, et entrez dans votre nouvelle peau.*

Créez l'ambiance et le climat qui vont vous permettre de réaliser vos nouveaux objectifs. Uni à votre respiration, prenez le temps d'éprouver les sensations et les sentiments qui en témoignent.

- *Procédez de la même manière pour chacun des événements numérotés.*

Chaque fois, commencez par le cerner dans la réalité de votre vécu antérieur.

Il ne s'agit pas de l'annuler – mais de vous donner la place qu'il vous appartient de prendre.

Le cerveau transforme la fiction en réalité – à la mesure de votre véritable désir, selon l'intensité de votre implication.

MÉTAMORPHOSEZ LE MAL-ÊTRE

IL s'agit cette fois encore de vous exercer à de nouveaux comportements – engendrés par de nouveaux modes de pensées.

Êtes-vous décidé à remanier les scénarios anciens, pour les transformer en dénouement heureux ?

Alors le passé servira de tremplin à l'avenir.

Les désirs conscients et inconscients exercent constamment leur influence sur les cellules de l'organisme.

Ce sont eux qui entravent ou mobilisent les processus de croissance et d'auto-guérison. Les désirs contrariés et qui s'annulent, le non-désir lui-même freinent l'élan de l'être, ratent la cible.

La prise en compte de notre devenir ne peut être gérée que par l'esprit.

Lui seul au travers du souffle, de la pensée et du mouvement peut modifier jusqu'aux réponses physiologiques de notre corps : unique témoin de notre authenticité.

- *Après vous être détendu, décidez d'aller porter secours à votre corps là où il pourrait être en souffrance.*

Si la localisation en est précise, focalisez-vous sur elle.

Sinon, contactez votre plexus solaire.

Avec les doigts encerclez cette partie, ou le plexus. Si les mains ne peuvent pas l'atteindre, utilisez la visualisation – pour bien la cerner. Et maintenant, lâchez les mains et prenez le temps de vous relaxer. Sur plusieurs expirations libérez les tensions des mâchoires, des épaules, du ventre. L'air circule partout librement – à l'exception peut-être de cette enclave de souffrance. C'est sur elle que vous allez concentrer votre attention.

Imaginez que ce mal, cette douleur forme un cercle entièrement gris... Imaginez encore que vos mains le maintiennent fermement, puis le projettent à quelques mètres de vous. (Vos mains matérielles ont exécuté ce geste ; puis sont revenues le long du corps.)

On dirait que cette grisaille triste et plate flotte devant vous.

Elle contient votre mal.

Dans l'air, ce disque sans relief commence à s'arrondir, à devenir une boule dense, mais toujours grise.

Laissez-la flotter à sa guise ; et dirigez maintenant le regard vers le ciel.

Un rayon de soleil vient de percer le plafond des nuages – dans lequel vous inspirez.

Projetez ensuite votre souffle en direction de la boule grise : plusieurs fois...

Regardez ! le gris est en train de pâlir et de s'éclairer. Continuez à capter dans l'inspiration les forces de guérison solaires ; et soufflez cette énergie dans la boule imaginaire qui prend les couleurs de la lumière.

Vous la reprenez chaude et légère entre vos mains. Vous la posez sur la zone que vous aviez encerclée. (Vous y posez réellement vos mains.)

Sur chaque expiration elle s'enfonce lentement en vous... régénère chaque cellule blessée, et tous les souvenirs, les émotions qui lui étaient associés.

Affirmez enfin que vous venez de libérer vos prisonniers.

Prenez soin de vous-même, de votre bien-être. Défaites le stress chronique qui alarme les fonctions organiques et amenuise la vie. Respirez encore une fois lentement, dans les sphères où voyagent à votre rencontre les forces de guérison.

Les doigts s'en mêlent

• Faites-les bouger et danser dans l'espace. En jouant avec les articulations, vous exercez une influence sur l'équilibre fonctionnel. Les mains refermées, redressez vos index.
Appuyez-les ensuite sur une surface solide ; et faites-les tourner sur la pointe des pulpes pour les sensibiliser.
Roulez-les bord sur bord plusieurs fois. Frottez-les sur toute leur longueur. Enfin pratiquez entre eux des rencontres, des cabrioles, des pas de deux ; soyez maître de ballet...
Les index sont en relation avec les poumons et l'appareil respiratoire. Ajoutez donc aux mouvements une respiration lente et consciente, dans le haut de la poitrine.
• Avec vos médius, exécutez d'autres prouesses. Inventez des exercices d'équilibre, du saut et de la voltige... Si vous respirez consciemment en même temps dans l'espace médian, l'action de ces doigts stimulera ou pacifiera le foie, l'appareil digestif.
• Les annulaires s'élancent à leur tour, captent l'assistance par leurs tours de piste. Et vous inventez sur l'instant des chorégraphies. Eux agissent sur les reins. Et les auriculaires sur les organes génitaux. Pratiquez donc dans le ventre une respiration correspondant à vos besoins du moment.
Mais aussi, l'attention exclusive portée aux doigts et au souffle coupe le flot incessant des informations qui bombardent le cerveau. Les pressions, les trous de mémoire, les pensées échevelées jaillissent souvent d'un mental qui dérive on ne sait où.

Ces alliés qui en nous veillent au maintien de la santé ont fort à faire avec leur ennemi juré : le trop fameux STRESS.
Au sens propre il indique le maximum de tension que peut subir un câble, une corde, avant de se rompre.
Par centaines, nos propres cordes musculaires sillonnent le corps. Un certain niveau de tension est indispensable pour qu'elles le meuvent. Le stress est donc utilisé pour mesurer l'état des cordes d'une personne donnée : le niveau de tension qu'elle peut supporter sans que son organisme en soit affecté.
Le funambule, lui aussi, mesure la juste tension de son fil.

Avec ses pieds, avec ses bras en balancier, il en contrôle l'élasticité. Trop tendu il serait éjecté. Relâché, il plongerait. Dans les deux cas il perdrait son équilibre.
Malheureusement, que leur origine se situe dans le corps, la tête ou le cœur : les tensions sont interchangeables entre elles... et complémentaires !
Colère, peur ou chagrin provoquent des tensions qui se manifestent immédiatement ou à terme dans la physiologie.
A l'inverse des erreurs graves et répétées qui portent préjudice à l'organisme entravent les réseaux de circulation : sang, lymphe, système nerveux et organes.
Privés de leur nourriture essentielle, encombrés de déchets : ils multiplient leurs efforts, brûlent leurs réserves ou renoncent au combat.
L'épanouissement physique et psychique est alors dérivé vers le mal-être.

REGARDEZ-VOUS VOUS-MÊME

COMMENT portez-vous les épaules : haussées entre les oreilles ? Alors vous êtes sur vos gardes.
Tendues vers l'avant ? C'est que le corps tout entier est prêt à l'attaque.
Qu'est-ce que vous allez encore encaisser, si elles sont recourbées en arrière.
Les mâchoires crispées en galoche, les poings serrés ferment les portes.
Une voix saccadée, des gestes secs et maladroits, une démarche tronçonnée lourde ou chaloupée témoignent souvent d'une angoisse existentielle.
Y a-t-il méfiance ou incapacité à établir des contacts détendus et harmonieux ?
Interrogez vos gestes, le mouvement du corps tout entier.
Questionnez surtout votre respiration : courte ou haletante, syncopée ou transformée en soufflet de forge ? Ou bien encore à répétition comme le marteau-piqueur ? Vaguelette venant expirer sur le sable ?

Comment l'air pourrait-il circuler en toute sécurité dans ces régions malfamées ?

Visites à domicile

• *De préférence étendu sur le dos, pénétrez progressivement les sensations de votre corps.*
Vous ressentez l'impact de ses appuis : des talons à l'arrière de la tête.
Entrez sur le fil d'air qui vous parcourt, vous sillonne du ventre à la gorge.
Créez ainsi un contact amical avec vous-même, dans l'intention de libérer les parties de votre organisme emprisonnées dans les surcharges affectives ; dans les crispations du mental, la mobilisation excessive d'une activité incessante ; et les tensions redoutables qui résultent aussi de la douleur, de la dépression.
• *Ensuite expirez longuement à plusieurs reprises pour vous lâcher tout entier ; pour vous abandonner dans vos propres bras, en toute sécurité.*
L'inspiration maintenant vous fonde en votre centre.
Ancrez-vous dans la confiance que vous donne votre propre présence.
Ramenez attention et sensations à vos pieds : le gauche, puis le droit.
Bougez-les très légèrement pour débusquer d'éventuelles tensions... et ce quatrième doigt du pied gauche ?
Ensuite arrêtez-vous aux chevilles, puis aux mollets, genoux, cuisses, hanches et tout le ventre. Chaque fois, laissez-vous le temps de ressentir souplesse, rigidité ou absence.
Vous vous réappropriez chacun des lieux tendus ou dénués de sensations en les nommant : « ma cuisse à gauche... ». Imaginez ensuite que vous soufflez sur elle un air de guérison, capté par la pensée.
Remontez ainsi jusqu'à la tête par les deux rives du corps, dans son lit : pour découvrir où les sources se sont taries, furent déviées, ou bien entraînées à la dérive.
Le corps tout entier va se rassembler et s'unifier dans le souffle rythmé aux battements calmes et réguliers du cœur.

Tant d'appels s'expriment en nous par des voix et des accents inaccessibles pour nos sens extérieurs. Faute de les avoir écoutés, ou posés à leur juste place ils se sont éteints ou ont déclaré la guerre.

INSCRIVEZ-LE AU TABLEAU

DES affirmations radicalement positives ramèneront depuis la mémoire vos capacités latentes, toujours disponibles, même si elles furent enfouies. Dès que vous les provoquez, elles se manifesteront.

Chaque matin au réveil et les yeux fermés, gardez à distance le monde extérieur.

Quel que soit le poids du jour à venir, commencez par prendre le temps de réintégrer votre réalité incarnée.

Le corps en ses appuis, la mouvance de l'air drainent les cogitations du mental.

• *Et maintenant recherchez ce qui, au programme de la journée, s'annonce comme agréable, bénéfique : une toute petite chose fera l'affaire. Si rien n'émerge de votre grisaille, décidez de vous faire un cadeau.*

Peu importe que vous en ayez envie ou pas. Votre changement de regard marquera votre intention de regarder cette touche bleue du ciel, totalement différente des nuages qui peut-être l'ont envahie.

Vivez le cadeau par avance pour bien l'apprécier ; en offrir le ressenti au cerveau.

• *Puis imaginez : au milieu d'un tableau d'écolier on a inscrit, en lettres bien lisibles, un mot sombre et triste – projection d'un état intérieur dans lequel il vous arrive de plonger.*

Regardez-le encore, et décidez de l'effacer du tableau.

Commencez par supprimer la dernière lettre. En effaçant la suivante, vous renouvelez votre décision de faire place nette.

Si le mot ne s'inscrivait pas, si vous n'arriviez pas à en effacer chaque lettre : prenez un papier et laissez au mot le temps d'émerger, avant de l'effacer.

A la fin, le passé a fait place nette pour un présent à graver – dans votre souffle, au centre de vous-même... Laissez jaillir un mot né du cœur, ou de l'esprit.
Imaginez à nouveau : vous êtes en train de l'inscrire en lettres d'or au milieu du tableau.

Quand bien même le mal semblerait incurable, nous pouvons décider de lâcher une attitude de résignation, une projection négative sur l'avenir.
Certains physiciens prétendent eux-mêmes qu'en dégageant les émotions perturbatrices pour les orienter vers un ressenti positif, nous pouvons recouvrer l'équilibre de notre structure moléculaire – et donc modifier certaines anarchies organiques.
Tout commence par le désir.
Celui de mettre en marche son propre système interne de guérison : branché sur l'écoute du corps, mais cette fois pour saisir toute l'intelligence de ses messages.
Nous découvrons alors un sens plus subtil que les autres : l'intuition – qui nous enseigne comment répondre aux véritables besoins.
Cependant la peur anticipée de l'inconnu provoque parfois un vertige tel que nous nous croyons incapables ou en danger d'avancer en terre inconnue.

Relaxez votre cerveau

• *En alpha vous plongez dans une vision nouvelle à moins que nous n'y entriez à pas menus.*
Étroitement relié au souffle qui déroule son fil sous vos pas, vous pouvez en toute sécurité atteindre votre objectif.
Devenez sensible au corps tout entier.
Offrez-vous ses compétences pour continuer à défaire tensions et stress.
Le ventre et les viscères ont encaissé nos angoisses les plus profondes ; celles qui viennent du plus loin de notre histoire.

Si concrètement aucun d'entre eux n'est en ce moment accessible, ajoutez-en un autre à la liste.
Si vous êtes dans un lit, enfermé, solitaire; ouvrez la porte aux richesses intactes de votre imaginaire... laissez approcher une personne, un animal ou un oiseau qui chante dans un rai de lumière...
Demandez-leur de vous emmener par la main – sur leur dos ou les ailes – jusqu'au lieu fleuri où vous pourrez réaliser avec ces amis un désir doublement précieux: la liberté et la tendresse.

Recommencez chaque jour si vous êtes malade ou prisonnier.
L'expansion de votre être progressivement programmé vous conduira vers votre source: celle-là, inaccessible au malheur.
Quelles que soient les épreuves du présent, n'acceptons jamais d'être vaincu par le mal. Il ne s'agit pas de s'y arc-bouter pour le chasser, ni de le dédaigner – mais plutôt de s'installer ailleurs...
Que chacune de nos pensées, de nos cellules l'atteste. La douceur pour soi alliée à la puissance des forces nouvelles deviendront les ferments de la guérison.

CHAQUE MATIN...

Au réveil, avant même d'ouvrir les yeux sur la journée à venir – et quel qu'en soit le poids – commencez par ressentir votre corps bien présent au travers du souffle conscient qui l'anime.
Encore détendu et avant l'émergence des ondes bêta, celles de l'activité, laissez-vous le temps de penser à un moment dans la journée où vous vous donnerez à vivre quelque chose de bon.
Si rien de bénéfique ne se profile à l'horizon, trouvez un cadeau à vous faire.
Ne vous laissez pas sombrer dans la grisaille, ni emporter par la description détaillée des tâches et ennuis dûment répertoriés.
Ne gémissez pas non plus sur le temps perdu, à ne pas perdre ou rattraper... mais extorquez à la journée un temps: un petit ou un grand moment, dans lequel vous allez RÉELLEMENT *vivre, là, dans*

votre lit-quels que soient l'ambiance ou les enjeux extérieurs.
Faites-vous un pense-bête pour que votre mémoire, sur le terrain vous rappelle les termes du contrat.
Le plaisir, le bien-être que vous avez vécus le matin pendant que vous « visionniez » votre scénario vous revient : comme la salive à l'évocation d'un bon plat qu'on va déguster.
Ces instants libres, dérobés au rituel du jour, rebranchent le cerveau sur son nouveau programme de guérison.

Éduquez ainsi vos petits neurones à vous fournir les matériaux nécessaires pour bâtir votre terre nouvelle. Alors le mal-être et la douleur resteront à la périphérie – chaque fois que vous prendrez appui sur vos talents et vos richesses.
Pointez votre regard sur le coin bleu de votre ciel : tache de lumière qui troue et déchire la malade grisaille.
Ne vous attachez plus aux échecs, aux réactions du passé, d'hier. Mais émerveillez-vous de découvrir jour après jour la personne que vous êtes dès que vous retrouvez l'héritage de vos richesses enfouies.
Entouré de vos propres soins attentifs et bienveillants, vous laissez le souffle vous éveiller…

LE GUÉRISSEUR INTÉRIEUR

• *Debout si possible :*
Bien équilibré sur vos pieds légèrement écartés, fléchissez légèrement les genoux.
Puis vous aidant de l'inspiration, redressez doucement votre « arbre de vie » : vertèbre après vertèbre, en commençant par le bas.
Ouvrez les mains, doigts tendus vers le haut.
Imaginez qu'ils captent des énergies harmonisantes émanées du cosmos.
Le souffle, lui, s'est effectivement branché sur leurs longueurs d'ondes.
A l'inspiration, continuez à recevoir ces forces de guérison.

A l'expiration, laissez-les s'écouler par les doigts posés sur la zone souffrante ou le plexus solaire.
N'y mettez aucune volonté personnelle.
Laissez partir au-delà du corps toxines, douleur et impuissance.
• *Ensuite amenez la respiration et les paumes des mains dans le haut de la poitrine.*
Imaginez une fois encore – et pour que le cerveau l'ancre plus profondément – que le rayonnement du soleil transporte jusqu'à vous la lumière et la chaleur d'êtres d'amour et de paix qui vibrent sur vos longueurs d'ondes.
Le souffle qui vous les a conduites pénètre sous vos mains, dans ce lieu intime du cœur.
En vous le mystère s'éveille et se réveille. Là, au plus profond de votre être où réside votre véritable guérisseur.
Dans ce contact indescriptible s'instaure le dialogue : de vous-même à vous-même...

La quête du trésor cherché dans tous les lieux du monde par les héros de tous les temps n'existe que dans la mémoire du cœur.
Son secret est révélé à celui qui a franchi les portes de la matérialité et de l'illusion.
Tous nous avons le pouvoir de nous porter secours à nous-mêmes.
Mais c'est à l'esprit qu'obéissent les lois énergétiques de la guérison, de l'évolution
Notre organisme tout entier réagit à la qualité de vibrations auxquelles nous nous conjoignons. Il y a correspondance entre nos pensées, nos désirs et les énergies captées, transmises par le souffle.
Le cerveau entérinera, programmera cette nouvelle qualité de la conscience. Il dépêchera les millions de neurones nécessaires à son accomplissement – au travers du corps et de tout notre ressenti.
Ce que nous aurons développé de compréhension et de cœur, guidé par le souffle, franchira avec nous les portes de la mort physique.

CHACUN de nous chemine sur deux itinéraires. Le premier emprunte une route ponctuée de bornes : le balancier de l'horloge, le cœur physique y frappent le temps – dans un espace linéaire et syncopé.
Le second circule sans se mesurer au pas d'avant, ou d'après.
Il ne se projette pas non plus dans un objectif vers lequel tendre.
Lui, il occupe tout l'espace et se meut dans le temps de l'instantanéité. Son seul point de référence : c'est moi-même, présent au centre vivant de mon souffle.
Les rôles, les fonctions et l'avoir sont gravés sur notre plaque d'identité.
Elle gonfle ou s'amenuise selon réussite ou avatars. L'identité, elle, réside dans le cœur et dans l'esprit si nous les épousons, si nous habitons notre propre univers intérieur : coloré et animé de nos choix.
Moi seul y ai accès : la porte franchie, je peux presque à l'infini découvrir et développer – ce qu'il m'est impossible même d'imaginer ou d'évaluer avant de l'avoir expérimenté.
Cependant la source de l'être ne se manifeste qu'au travers de la matérialisation du corps.
Il faut donc commencer à ordonner division et chaos.

• *Revenez souvent dans la journée, et même en flash, aux sensations du corps dans ses appuis.*
Cerné par la peau qui le protège et le nourrit, il peut occuper sa bonne place, où que ce soit.
Respirez dans la cavité abdominale pour adhérer aux forces telluriques – dans lesquelles s'inscrivent vos bases rassurantes.
Paupières fermées, levez les yeux.
Sur l'inspiration qui défie les lois de la pesanteur, le corps s'élance vers le haut.
Selon la qualité des pensées que vous avez pu soustraire au quotidien, le souffle capte au-delà des nuages et des horizons bouchés un air messager.

Alors ce qui était dissocié, absent ou douloureux, se rassemble sous vos mains posées sur le haut de la poitrine.
Et c'est le début d'un changement d'histoire.

Revêtez des vêtements nouveaux

Et transformez le «vieil» homme:

Vous avez posé près de vous deux feuilles de papier, de quoi écrire.
• Cherchez et contactez un comportement, une manière d'être qui vous empoisonne ou vous déplaît – et que vous aimeriez liquider.
Prenez le temps de les laisser émerger.
A quels moments, dans quelles circonstances se manifestent-ils ?... les personnes ou les événements qui les provoquent : attitudes, ambiances qui déclenchent vos réactions...
Et maintenant laissez-vous le temps de retrouver dans votre mémoire cellulaire les sensations, les émotions que vous avez éprouvées : comme personnage essentiel de l'aventure.
• Sur le papier laissez le crayon dessiner spontanément ce que vous venez d'évoquer ; ou bien, stigmatisez-le par un symbole.
A la fin, retournez le papier.
Puis étirez-vous, bâillez.
Ensuite, convoquez à nouveau les souvenirs.
Cette fois pour retrouver un moment dans votre vie où vous étiez empli de présence et d'énergie.
Peu importe l'époque. Et même s'il ne s'agissait que de courts instants, ils sont gravés.
Revoyez-vous, retrouvez la qualité du ressenti qui vous a investi à cette occasion.
Vous êtes redevenu cette personne qui, au moins une fois dans sa vie, a su s'habiter de force, de plénitude, d'espérance.
Prenez le deuxième papier ; et laissez le crayon courir sans réfléchir

vos richesses les moyens et les outils dont votre être a besoin pour s'accomplir.

- *Enfin «voyez»-vous respirer dans une étoile.*

La ramener jusqu'à vous.

Peu à peu, elle vous enveloppe d'un manteau de lumière.

Il vous gardera toute la nuit... et vous voyagerez avec l'énergie de l'univers.

Cette fois encore, vous venez d'abandonner certaines morts au passé. De souffler les illusions et les fantasmes. Et si vous fûtes modelé, ciselé aux paroles des autres, aux événements – par l'image que vous vous êtes fait de vous-même, vous savez maintenant créer la réalité qu'il vous plaît d'incarner: pour donner vie aux forces créatrices du corps et de l'esprit.

IMAGE ET RÉALITÉ

- *Après vous être relaxé... imaginez-vous, voyez-vous en train de marcher sur la frange mousseuse d'une mer étale.*

De légers éclatements irisés terminent leur parcours sur le sable et vos pieds nus.

Le regard se promène entre l'étendue sans fin de la mer, et les rochers qui plus loin cernent la plage dont les limites vous rassurent – et vous accueillent.

Vous sentez à la fois le grain du sable un peu rugueux, et la douceur fraîche de l'eau.

Vos bras ouverts embrassent tout à la fois le ciel, le sable et l'eau, jusqu'à l'horizon – confondus dans vos yeux, votre souffle.

Alors vous vous mettez à courir en longues et calmes enjambées.

A l'inspir vous bondissez dans l'espace, léger et gracieux comme cerf ou biche.

A l'expir vous recouvrez votre densité à la fois ferme et souple.

Puis lassé de vous mouvoir, vous entrez dans l'eau tiède et transparente.

Elle est aux genoux, au ventre... et vous basculez, confiant, en cette mer qui vous porte.

Sentez vos formes glisser dans son énergie, s'épanouir.
Retrouvez la mémoire du ventre protecteur et du liquide salé dans lequel vous ne subissez ni limitations ni contraintes.
Expansez-vous.
Osez en elle les gestes, les mimiques, les conquêtes, les expériences : jadis emprisonnés ou interdits.
Lorsque vous sortez de l'eau pour vous sécher, vous vous sentez habiter un corps nouveau.
• *Imaginez alors qu'approchent des amis qui vous cherchaient.*
Vous avancez vers eux dans l'harmonie de mouvements naturels, d'un souffle ample et tranquille.
La vie court en votre corps, dans tout votre être.
Et vous riez de plaisir, de bonheur devant les regards admiratifs...

Ce bien-être libérateur s'est enregistré !
Il a modifié en même temps l'image consciente et inconsciente que vous vous faisiez de vous-même.
Renouvelez souvent dans l'imaginaire des situations dans lesquelles vous recouvrez votre véritable personnalité.
L'image se métamorphose, s'informatise et devient réalité.
Il ne s'agit pas là de contes de fées – bien qu'eux aussi participent d'un enseignement secret, livré à ceux qui cherchent le sens caché derrière le fantastique.
La baguette magique, les rituels et les sésames représentent ce faisceau créateur de votre propre énergie : mise en route par les canaux du système nerveux.
Le corps qui participe, non pas en spectateur, mais en unique acteur à toutes les créations de l'imaginaire, intègre ainsi pour les expérimenter dans la réalité les ressources acquises.

• *Et maintenant massez doucement le front, les pommettes et les joues, le tour des yeux et les narines, la bouche et le menton.*
Avec vos pouces, les paumes des mains, modelez votre nouveau visage.
Vous le recréez – non pas comme une figure de mode à la beauté statique – mais selon les lignes, les reliefs et les vallées qui vont témoigner de votre personnalité unique, et reconquise.

Placez-vous enfin au centre de votre souffle, dans le haut de la poitrine.
Vous y sentez battre votre inaltérable présence.
Voyez-vous, sentez-vous ensuite animer de votre souffle les êtres et les lieux qui vous sont chers.
(Rappelez-vous : le souffle et la pensée voyagent sur la longueur d'onde de la lumière !)
Alors vous vient une nouvelle représentation du monde... le souffle s'approfondit encore, et le sens intérieur des « choses » commence à vous apparaître.

Le voyage vers la transcendance a commencé.
Le soleil, encore lui, va continuer à nourrir nos expériences à venir.
Depuis les premières inscriptions gravées dans la pierre, peintes ou conservées dans la tradition orale – pour tous les âges de l'histoire et sur toute la terre –, le soleil est un symbole universel. La nature féconde, la sagesse d'êtres exceptionnels mais aussi l'amour divin figurent à son palmarès. Ne parle-t-on pas des personnes lumineuses ou qui rayonnent ? Cette intuition perçue par nos plus lointains ancêtres correspond aux propriétés réelles, uniques de notre astre. Relais des énergies en provenance du cosmos, et peut-être de galaxies toujours plus lointaines : il tisse à chaque instant le manteau de la terre et lui donne vie.
Il fait fleurir aussi la pensée ; révèle les qualités de l'esprit. Si quelqu'un est en quête de compréhension, d'évolution : alors le point de lumière contenu dans chaque cellule est mis à feu par le souffle messager. Mais c'est dans un lien personnel avec les trésors du soleil que dans le cœur se révèlent les nôtres.

Le soleil au creux des mains

Après vous être relaxé :
Dans un paysage printanier, vous vous êtes assoupi au bord d'un ruisseau – bercé par l'eau qui roule son eau claire sur des cailloux ronds.

Un léger coup de vent, sur votre visage, vous fait prudemment ouvrir un œil, puis les deux : subjugués par un rai intense de lumière qui, filtré par les branches, tombe dru sur la terre.
D'innombrables insectes y dansent et s'enivrent de soleil.
Vous rejoignez ce rayon pour y baigner votre corps tout entier ; et vous partagez la jubilation de ces minicréatures.
Tendez les mains pour laisser couler ce miel entre vos doigts.
On dirait qu'il s'incruste dans vos paumes et se densifie... devient boule étincelante : une sorte de petit soleil, dans lequel vous respirez.
Le passé négatif s'évacue sur l'expiration ; et se dissolvent aussi les formes étriquées que fabriquait votre « petit moi ».
- *Écoutez battre votre cœur.*

Ne le laissez plus fonctionner comme une machine automatique, qui ne mériterait aucun intérêt – sauf dans le cas où les systèmes d'alarme se mettent au rouge... un mauvais réglage, une chute de courant, une avarie qui nécessitent l'intervention d'un spécialiste !
Mais vous, écoutez-le vivre.
Battez avec lui la mesure d'un rythme accordé à la qualité de vos pensées, de votre souffle.
Dansez sur le mouvement de vos cellules.
- *Dans la réalité des gestes, maintenant, inclinez doucement la tête en avant.*

Ensuite et tout en la tournant, glissez avec précaution l'oreille droite vers l'épaule droite. Penchez la tête vers l'arrière, très légèrement.
A l'oreille gauche de s'approcher de l'épaule gauche.
Enfin laissez reposer le menton contre votre poitrine.
Dirigez votre regard intérieur au-delà du cercle que vous venez de parcourir... vers l'infini : laissez votre conscience se fondre dans le soleil – jusqu'à devenir un avec lui.

Des savants font état de découvertes révolutionnaires. Chaque cellule vivante contiendrait la totalité des informations qui constituent la structure à laquelle elle appartient. Certains procédés photographiques en témoignent. Par exemple la photo prise d'un doigt, de l'oreille d'un animal, d'une parcelle de plante révèlent – non pas la partie ciblée

cette fois passez-les autour de la tête, autour du corps tout entier – sans le toucher.
Enveloppez-vous entièrement dans ce manteau fait de matière solaire.
A la fin, posez les mains sur le cœur.
Le souffle traverse alors couche après couche vos espaces les plus intimes – au travers desquels, voyageur de l'indicible, vous arrivez au terme du périple.
A la fin d'une expiration, arrêtez le temps pour un bref instant – et avant d'inspirer à nouveau : juste le temps d'une rencontre.
Celui qu'on avait toujours pris pour une illusoire nostalgie, le voilà en train de déposer en vous un inexprimable bonheur.
Le trésor a jailli du plus intime de vous-même.

Pratique de la respiration

Détente, bien-être et libre circulation de l'énergie signent une respiration vécue dans la justesse.

• Tandis que fatigue, vertiges, maux de tête, nausées voire angoisse sont la manifestation d'une erreur commise.

Il faut alors stopper immédiatement le contrôle respiratoire, et laisser l'air circuler en automatique.

• Ne vous entraînez pas pendant la phase initiale de digestion.

Et comptez deux heures après un gros repas aux conséquences laborieuses.

• Les éléments atmosphériques peuvent être perturbateurs : orage, tempête, chaleur excessive ; mais c'est aussi en fonction de la sensibilité personnelle.

• Choisissez un lieu bien aéré pour pratiquer : évidemment, priorité à la nature.

• Évacuez ce qui comprime votre circulation : ceinture, cravate, soutien-gorge, montre...

Ne faites pas un esclave de votre respiration.

Ne la bloquez pas.

Ne la forcez pas non plus dans ses retranchements.

Ne la vivez pas en tension, et n'en faites pas un moyen de compétition.

Le souffle est l'allié de tous les instants de votre existence.

Il en ponctue tous les temps du premier cri au dernier soupir.

Il est le messager qui ouvre pour vous les portes de la vie.

*La compostion de ce livre a été réalisée
par Nord Compo à Villeneuve d'Ascq
l'impression et le brochage ont été effectués sur presse Variquick
dans les ateliers de la SAGIM à Courtry
pour les éditions Albin Michel.*

*Achevé d'imprimer en janvier 1994
N° d'édition : 13449. N° d'impression : 408
Dépôt légal : février 1994.*